中国新生代"双业"韧性内涵及影响因素的质性研究

王聪颖 ◎ 著

中国财经出版传媒集团

经济科学出版社

Economic Science Press

·北 京·

图书在版编目（CIP）数据

中国新生代"双业"韧性内涵及影响因素的质性研究/
王聪颖著．－－北京：经济科学出版社，2023.12

ISBN 978 - 7 - 5218 - 5355 - 1

Ⅰ.①中… Ⅱ.①王… Ⅲ.①青年 - 职业选择 - 研究
- 中国 Ⅳ.①D669.2

中国国家版本馆 CIP 数据核字（2023）第 215654 号

责任编辑：周国强 张 燕
责任校对：李 建
责任印制：张佳裕

中国新生代"双业"韧性内涵及影响因素的质性研究
ZHONGGUO XINSHENGDAI "SHUANGYE" RENXING NEIHAN JI
YINGXIANG YINSU DE ZHIXING YANJIU
王聪颖 著
经济科学出版社出版、发行 新华书店经销
社址：北京市海淀区阜成路甲 28 号 邮编：100142
总编部电话：010 - 88191217 发行部电话：010 - 88191522
网址：www. esp. com. cn
电子邮箱：esp@ esp. com. cn
天猫网店：经济科学出版社旗舰店
网址：http://jjkxcbs. tmall. com
固安华明印业有限公司印装
710×1000 16 开 14.5 印张 230000 字
2023 年 12 月第 1 版 2023 年 12 月第 1 次印刷
ISBN 978 - 7 - 5218 - 5355 - 1 定价：78.00 元
（图书出现印装问题，本社负责调换。电话：010 - 88191545）
（版权所有 侵权必究 打击盗版 举报热线：010 - 88191661
QQ：2242791300 营销中心电话：010 - 88191537
电子邮箱：dbts@ esp. com. cn）

前　言

"中国式现代化"是习近平总书记在庆祝中国共产党成立 100 周年大会上提出的重要论断。人才作为第一资源，是高质量发展的主体与基石，实现高质量发展、推进中国式现代化离不开高质量的人才队伍。我国出生于 20 世纪 80 年代之后的年轻人，因与传统社会的理念、意识和个性不同，所以被称为新生代。本书主要研究已经成为我国职场主力军，并且处于职业尝试期的"90后"新生代群体。个体在职业选择中，就业和创业一直是备受关注的两个方向，就业通常意味着稳定的收入和相对较低的风险，创业则代表着追求梦想、自主经营的冒险精神。身处当今飞速发展的信息化社会，中国新生代在就业和创业的"双业"过程中，必然面对来自工作任务、工作环境、不断更新的技能需求、复杂的人际关系等多方面的压力，其心理承受能力受到了前所未有的挑战。那么，中国新生代在面对就业和创业的困难、压力和挑战时，哪些因素会对他们产生影响？新生代如何运用自身的韧性机制应对挑战？哪些政策措施可以培养和提高新生代的"双业"韧性？对于这些问题的探究已经成为新时代中国人力资源发展的重要内容之一。

韧性原本是物理学概念，指物体受到外力挤压时的回弹。和物理材料不同，人不是被动地接受外力随后恢复，而是具有主动适应及自我调整的本能。从心理学意义上，韧性不仅意味着个体能在重大创伤或应激后恢复最初状态，而且在压力之下仍能顽强持久、坚韧不拔，更加强调的是个体在受到挫折后的成长和新生。"双业"韧性（职业韧性和创业韧性）作为一种良好的心理健康保护因素，将帮助个体在面对压力性事件时坚定信念、保持信心、坚韧不拔，直至达到或合理化个人目标。然而，大多数学者较关注职业韧性和创业韧性的效应，而对于职业韧性和创业韧性的形成与影响机制的研究则相对缺乏，同时缺乏中国本土化的职业韧性和创业韧性研究。可见，有必要结合中国新生代群体的成长背景、个性特征、价值观念、思维模式和行为方式，进一步深入厘清"双业"韧性的新内涵以及多种影响因素。本书关心的问题是：新生代群体的职业韧性和创业韧性的新内涵是什么？"双业"韧性的影响因素又是什么？如何引导新生代群体增强职业韧性和创业韧性？前两个问题的实质在于新生代群体是如何建构职业韧性和创业韧性的。第三个问题的实质在于如何制定有效的政策措施合理引导新生代群体增强"双业"韧性。因此，本书试图探索中国新生代职业韧性和创业韧性的新内涵以及不同影响因素，并在此基础上探讨促使新生代群体增强自身韧性的外部干预措施。

本书的结构安排如下：第 1 章绪论，在介绍和分析研究背景的基础上，提出研究问题；然后对研究意义、研究思路、方法、创新点和技术路线进行概括。第 2 章文献综述，在对国内外有关心理韧性、职业韧性和创业韧性相关概念、结构模型、影响因素和结果效应进行回顾的基础上，进一步梳理、归纳、总结现有研究成果以及未来可能的研究方向。第 3 章新生代员工职业韧性形成机制的质性研究，首先通过对典型企业的调研，运用访谈法对新生代员工职业韧性的影响因素进行分析，然后对上述影响因素中的重要维度领导方式进行深入挖掘，运用案例研究法、扎根理论法分析新生代员工职业韧性的新内涵，以及包容性领导如何塑造新生代员工职业韧性。第 4 章新生代创业者创业韧性形成机制的质性研究，首先，从创业人格、创业文化涵养、创业自愈机制、创业培育机制四个方面分析新生代创业者创业韧性现状；其次，运用访谈法、扎根理论法对新生代创业者创业韧性的新内涵以及影响因素进行分析；最后，对上述影响因素中的重要维度团队氛围进行深入挖掘，进一步运用访谈法、扎根理论法探讨团队凝聚力对新生代创业者创业韧性产生的影响。第 5 章新生代"双业"韧性的提升优化对策研究，从新生代员工的职业韧性和新生代创业者的创业韧性两个方面，提出相应的提升优化策略，从而有助于从实践方面进一步培养和提高新生代群体的"双业"韧性，增强职业稳定性。第 6 章结论与讨论，总结本书的主要研究结论，阐述主要的理论贡献，并指出研究存在的不足，进一步提出未来的研究展望。

调查数据显示：全行业"90 后"已超一线员工半壁江山，目前在经济较发达的华东地区，一线基层职工中"90 后"占比已超过半数，达到 55%。[①] 2017 年以来，我国大学生创业人数激增，根据《中国青年创业发展报告（2022）》[②] 显示，高达 49.86% 的在校大学生有较强烈的社会创业意愿。一方面，"90 后"已成为我国职场和创业场的主力军，而未来 5～10 年"90 后"将全面"占领"职场和创业场。另一方面，"90 后"财富安全感较高的同时，心理安全感较低，在职场中往往会表现为对待工作缺乏韧性和耐力，这也成为"90 后"职场的显著标签。职业生涯是一个长期的过程，无论是就

---

① 58 同城：《90 后青年职场生活状态调研报告》，2019 年 3 月 18 日。
② 中国青年创业就业基金会与泽平宏观：《中国青年创业发展报告（2022）》，2022 年 11 月 15 日。

业还是创业，新生代群体在选择期和实践期都会面对各种变化、逆境和干扰，职业韧性和创业韧性的培养与提升措施不仅有助于新生代在职业选择阶段正确认识自我和周遭环境因素，而且能够帮助其在职业进入阶段和坚持阶段面对各种突发事件和困境时找到正确方向，减少职场焦虑、脆弱和失调行为，从而加强职业稳定性。因此，本书不仅为我国新生代员工和创业者提供了一个全新的视角重新审视自身的心理韧性机制，而且为管理者提供了符合本土化情境的管理优化措施。同时，本书的一大特点是采用了质性研究方法，从整体性视角探索我国新生代的"双业"韧性，通过与我国新生代员工和创业者的互动，对其职场行为和创业行为意义进行重新建构以获得解释性理解，这可能也为学术界对心理韧性的领域性研究提供了一些资料。

在撰写和出版本书的过程中得到了很多支持和帮助。感谢我最亲爱的爸爸妈妈的默默支持和女儿的加油打气；感谢南京大学商学院的赵曙明教授严谨治学的科研态度的感染，以及一直以来对本人的指引和教导；感谢安徽理工大学经济与管理学院的丁明智副教授在本书构建逻辑框架和写作过程中给予的建议和帮助。此外，还要感谢我所在工作单位南京体育学院党委副书记兰亚明同志对本人的鼓励以及对本书提供的重要精神支持。最后，衷心期盼和感谢各位读者对本书提出宝贵的意见及建议，如果对本书的研究对象和研究内容感兴趣，欢迎大家共同探讨。

本书由江苏高校哲学社会科学研究一般项目（2021SJA0702）、江苏省教育科学"十四五"规划重点课题（B/2022/01/59）、江苏省高等教育教改研究立项课题（2021JSJG459）、江苏省高等教育学会"十四五"高等教育科学研究规划课题（YB06）和国家自然科学基金重点项目（71832007）资助。

王聪颖

2023 年 8 月于南京

目　　录

第1章

绪　　论

本章在介绍和分析研究背景的基础上，提出研究问题；然后对研究意义、研究思路、方法、创新点和技术路线进行概括。

1.1　研究背景与问题提出

1.1.1　研究背景

1.1.1.1　现实背景

青年兴则国家兴，青年强则国家强，《新时代的中国青年》白皮书中号召新时代中国青年应坚守"永久奋斗"的光荣传统，把平凡的岗位作为成就人生的舞台。[①] 个体在职业选择中，就业和创业一直是备受关注的两个方向。就业通常意味着稳定的收入和相对较低的风险，创业则代表着追求梦想、自主经营的冒险精神。新时代下，面对迅速变化、充满不确定性的国内外形势，中国新生代在就业或者创业的"双业"选择和实践中，都需要进一步培养心理韧性以应对各种压力。

韧性原本是物理学概念，指物体受到外力挤压时的回弹。和物理材料不同，人不是被动地接受外力随后恢复，而是具有主动适应及自我调整的本能。从心理学意义上，韧性不仅意味着个体能在重大创伤或应激后恢复最初状态，而且在压力之下仍能顽强持久、坚韧不拔，更加强调的是个体在受到挫折后的成长和新生。个体的心理韧性是一个动态的、逐步变化的过程，按照生命周期视角可以将个体的职业生涯按照年龄划分为尝试期（30岁及以下）、稳固期（31~45岁）和维持期（46岁及以上），本书着重研究位于上述尝试期的新生代员工的职业韧性和创业者的创业韧性，精准聚焦此群体以生存为核心目标、以能力为核心职业匹配要素的阶段性特征，也更适合心理韧性的动态互动视角。

身处当今飞速发展的信息化社会，中国新生代在就业和创业的"双业"过程中，必然面对来自工作任务、工作环境、不断更新的技能需求、复杂的人际关系等多方面的压力，其心理承受能力受到了前所未有的挑战。那么，中国新生代在面对就业和创业的困难、压力和挑战时，哪些因素会对他们产生影响？新生代如何运用自身的韧性机制应对挑战？哪些政策措施可以培养和提高新生代的"双业"韧性？对于这些问题的探究已经成为新时代中国人力资源发展的重要内容之一。

一方面，新生代员工日益成长为职场主力军，但是根据职业社交网站领

---

① 中华人民共和国国务院新闻办公室：《新时代的中国青年》白皮书，2022年4月21日。

英发布的"第一份工作趋势洞察"显示：职场人第一份工作的平均在职时间呈现出随代际显著递减的趋势，"70 后"平均超过 4 年，"80 后"为 3 年半，而"90 后"骤减到 19 个月，"95 后"更是仅有 7 个月，甚至更短。在各种社交网站上，"90 后"员工与领导一言不合就"秒辞""裸辞"的新闻屡见不鲜，而领导则普遍抱怨"90 后"员工在职场中往往缺乏坚持、执着的职业态度和操守，领导者的管理方式与"90 后"员工的不相匹配是导致其工作稳定性低的重要原因。职业生涯是一个长期的过程，职业韧性的培养和提升措施不仅有助于新生代员工在职业选择阶段能正确认识自我和周遭环境因素，合理选择岗位，摆正位置投身平凡岗位，而且能够帮助其在职业进入阶段和坚持阶段面对各种突发事件和困境时找到正确方向，减少职场焦虑、脆弱和失调行为，从而加强职业稳定性。

　　另一方面，党的十八大以来，国家大力促进"大众创业、万众创新"①；党的十九大又进一步强调"创新是引领发展的第一动力，是建设现代化经济体系的战略支撑"②。这些战略的实施极大激发了广大新生代群体的创业热情，也扩展了就业空间，带动了就业增长，先后涌现出许多成功的青年创业者，如饿了么、小黄车、聚美优品等。2017 年以来，我国大学生创业人数激增，根据《中国青年创业发展报告（2022）》③ 显示，高达 49.86% 的在校大学生有较强烈的社会创业意愿。尽管大学生创业比率不断提高，但其创业平均成功率却不足 5%，中途放弃和创业失败的案例比比皆是。目前，我国经济尚处在突发疫情等严重冲击后的恢复发展过程中，新生代创业群体也遭受到了前所未有的冲击和挑战。创业之路荆棘重重，新生代创业者的坚持不懈对其取得积极创业结果至关重要，必须积极有效地面对和处理困难，以锲而

---

① 中华人民共和国国务院：《关于大力推进大众创业万众创新若干政策措施的意见》，2015 年 6 月 16 日。
② 党的十九大报告《决胜全面建成小康社会 夺取新时代中国特色社会主义伟大胜利》，2017 年 10 月 18 日。
③ 中国青年创业就业基金会与泽平宏观：《中国青年创业发展报告（2022）》，2022 年 11 月 15 日。

不舍的精神坚持创业，才能获得成功。可见，创业是一种高风险活动，创业韧性是一个非常关键的因素，因为创建和运营企业是困难的，其间会遇到很多突发事件，形成多次挑战和阻碍。

由此可见，无论是就业还是创业，新生代群体在选择期和实践期都会面对各种变化、逆境和干扰。那么，"双业"韧性（职业韧性和创业韧性）作为一种良好的心理健康保护因素，将帮助个体在面对压力性事件时坚定信念、保持信心、坚韧不拔，直至达到或合理化个人目标。

综上所述，有必要结合中国新生代群体的成长背景、个性特征、价值观念、思维模式和行为方式，进一步深入厘清影响其"双业"韧性（职业韧性和创业韧性）的多种因素，并在此基础上制定相应的管理和培养措施，从而成功有效地提高其心理韧性和职业稳定性，这也成为当前社会研究的重要课题。

1.1.1.2　理论背景

韧性一词源自拉丁文"resilio"，来自自然科学领域，指物体出现塑形变形和断裂过程中吸收能量的能力。最早被物理学家应用在材料学领域，描述材料的复原能（McAslan，2010）。随着学者们的深入研究，韧性的相关概念运用不断扩展到了生态学、心理学、应急管理及城市管理等不同的学科领域。

职业韧性是心理学概念韧性在职业领域内的准确表述，最早由伦敦（London，1983）在《职业动机理论》一文中提出。后续学者对职业韧性从结果性、品质性和过程性三方面进行了定义。结果性定义指出，职业韧性是个体在遭遇职业逆境后，无论是通过自身努力还是周遭环境的支持，都能最终获得良好的结果（Hively，2003）；品质性定义认为，职业韧性是个体具有一种能从职业逆境、冲突和失败中恢复甚至超越原来状况的能力或特质（Youssef & Luthans，2008）；过程性定义将职业韧性定义为，个体应对职业逆境时个体自身与周围环境之间相互作用的过程，在此过程中个体的韧性既不是一种品质，也不是一种结果，而是一个动态的过程（Caverley，2005）。

学者们运用量化方法和质性方法对职业韧性的影响因素进行了实证研究。在人口统计变量方面，年龄与职业韧性正相关，且个体职业稳固期（31～45岁）和维持期（46岁及以上）的职业韧性显著高于尝试期（30岁及以下）（Noe et al.，1990）。性别和教育水平对职业韧性的影响结果不一致（London & Noe，1997；Hively，2003）。在个体特征方面，乐观、内控性和积极的应对方式对个体的职业韧性有积极的影响（Caverley，2005）。职业韧性与个体的自律性、自我效能呈正相关（Grzeda & Prince，1997）。个体的创造性、耐力、毅力和自尊都会对其职业韧性产生正向影响（Gowan & Craft，2000；Caverley，2005）。此外，职业韧性还与个体对认可的渴望和工作重要性的认识正相关（London & Noe，1997）。个体的关系网络对职业韧性有正向影响（Halgin，2009），个体所持的非理性职业信念越少则其职业韧性越高（Liu，2003）。在工作环境变量方面，知觉到的授权与上司对其职业发展的支持有助于个体职业韧性水平的提高（London & Noe，1997）。激励性的工作特征（如自主、反馈、满意、有挑战性）也被发现对个体的职业韧性有正向影响（Brainerd，1992）。是否拥有管理职位对个体的职业韧性没有影响（Noe et al.，1990）。

创业韧性（entrepreneurial resilience）是心理学概念韧性在创业领域的延伸，其研究尚处于起步阶段。学者们在创业韧性的概念界定上未达成共识，在其结构维度的认识上也存在分歧。目前有关创业韧性的概念研究基于两个层面，在微观层面方面，德弗里斯和希尔兹（De Vries & Shields，2006）较早地关注创业韧性的概念，认为它是来源于个体生活经历而非个体的先天特质，是在面对创业不确定性、压力和逆境时的一种有效运作能力。在综合层面方面，伯格斯特龙和德克（Bergström & Dekker，2014）认为，创业韧性是人（微观）、组织（中观）、社会（宏观）和社会－生态（跨纬度）等多领域的综合概念。

大多数学者认为,韧性是个体与外界环境互动的结果,因此,创业韧性的影响因素不仅包括创业者个体内部因素(内因),还包括人际关系因素和环境因素(外因)。个体内部因素主要指创业者个人特征或者特质会对其创业韧性产生影响。人际关系因素主要包括正式支持关系和非正式支持关系对创业韧性的影响两个方面。其中,正式支持关系主要指创业者与合作者、员工和其他利益相关群体的关系。非正式支持关系主要指家人、朋友和邻居对创业者的支持。环境因素对创业韧性的影响主要包含社会文化、政府支持和创业类型三个方面。

1.1.2　研究问题的提出

从上述文献分析中可得出以下三点。

首先,已有研究忽视了新生代群体的职业韧性和创业韧性的研究。"90后"新生代群体已成长为青年人,并逐渐走上了工作岗位,为各行各业注入了新鲜血液。然而,新生代群体的成长环境与其他代际群体有着非常明显的差别,导致其在个性特征、价值观念等方面具有不同于其他代际群体的自身特点。因此,有必要结合这一群体的成长背景、个性特征、职业特点,进一步深入了解其职业韧性和创业韧性的解释机制和建构机理。

其次,职业韧性和创业韧性的形成与影响机制尚不清晰。大多数学者较关注职业韧性和创业韧性的效应,而对于职业韧性和创业韧性的形成与影响机制的研究则相对缺乏。因此,需要运用相关研究方法挖掘出在新时代社会情境下,中国新生代群体职业韧性和创业韧性的形成机理,以及其如何影响个体和组织层面的成功及绩效的作用机制。

最后,缺乏中国本土化的职业韧性和创业韧性研究。中国是集体主义文化取向高的国家,选择人际因素中"赢得家人和朋友的支持"等特殊点进行重点分析，使之成为"撬动"职业韧性和创业韧性结构成分与影响因素界限的"杠杆点"。与西方相比，新时代新生代群体的职业韧性和创业韧性的新内涵是什么？在中国情境下，职业韧性和创业韧性如何发挥作用？怎样通过培养和干预措施来提高新生代群体的职业韧性和创业韧性，从而形成正确的工作价值观？这些问题的本土化研究对于我国实现"十四五"规划、增强经济增长的动力具有重大意义。

综上所述，本书关心的问题是：新生代群体的职业韧性和创业韧性的新内涵是什么？"双业"韧性的影响因素又是什么？如何引导新生代群体增强职业韧性和创业韧性？前两个问题的实质在于新生代群体是如何建构职业韧性和创业韧性的。第三个问题的实质在于如何制定有效的政策措施合理引导新生代群体增强"双业"韧性。因此，本书试图探索中国新生代职业韧性和创业韧性的新内涵以及不同影响因素，并在此基础上探讨促使新生代群体增强自身韧性的外部干预措施，以增强其职业稳定性。

1.2 研 究 意 义

1.2.1 理 论 意 义

本书可对职业韧性和创业韧性方面的理论研究作出有益补充，深化人力资源管理、职业生涯管理、创新创业管理领域方面的理论知识。

第一，本书更多地将职业韧性和创业韧性作为独立的概念进行研究。本书认为，个体韧性的形成是人格特征、保护性环境因素和个体应对机制交互作用的结果，因此采用动态的、长期的、复杂的过程性视角进行界定，从而有利于揭示个体从平衡破裂到重新整合的韧性获取过程。

第二，本书期望进一步厘清新生代群体职业韧性和创业韧性的形成与影响机制。通过访谈、扎根理论、案例研究等质性方法，采用纵向跟踪数据试图挖掘出哪些因素会影响新生代群体职业韧性和创业韧性的形成及提高，其影响的方式和路径又是什么。

第三，本书进一步丰富了"双业"韧性的本土化情境。研究基于新时代中国社会、文化环境和组织背景，探讨新生代群体职业韧性和创业韧性的新内涵，挖掘其韧性的形成机理和触发机制，进一步地，构建出相应的价值观培养和引领策略架构，从而有助于总结出具有中国情境特色的心理韧性管理理论，进一步丰富工作价值观领域的跨文化研究。

1.2.2 实践意义

新生代群体已成为我国职场主力军，在职业选择中，就业和创业是两个最主要的方向和内容。关注此群体"双业"韧性的新内涵和影响因素，才能正确地引导其在面对逆境时发挥韧性的积极作用，增强职业稳定性。因此，本书具有重要的实践意义。

第一，本书有助于新生代群体积极应对就业和创业过程中的困难和挑战。习近平总书记在党的十九大报告中指出："经过长期努力，中国特色社会主义进入了新时代，这是我国发展新的历史方位。"[①] 新时代下，面对迅速变化、充满不确定性的国内外形势，新生代群体需要进一步培养"双业"韧性以应对各种压力和挑战。就业和创业是一个长期的过程，"双业"韧性不仅有助于新生代群体在面对各种突发事件和困境时找到正确方向，而且能够运用自身的韧性机制应对困难和挑战。

第二，本书有助于积极引导新生代群体提高敬业度和忠诚度。伴随互联

---

① 党的十九大报告《决胜全面建成小康社会 夺取新时代中国特色社会主义伟大胜利》，2017年10月18日。

网经济的快速发展，"90 后"新生代员工既是让企业管理者表露出欣赏眼光的新知识群体，又是容易情绪化、抗压力差、让人头痛不已的"闪辞族""裸辞族"。当今，"90 后"新生代员工已成为职场新生力量和组织核心人力资源，如何引导其积极面对职场的各种压力，理性对待求职和留职，提高敬业度和忠诚度，正成为现代人力资源管理实践的重要课题。

第三，本书有助于深入贯彻国家创新驱动的发展战略。在新冠疫情的冲击下，国家推出四项重磅举措助力创业，并于 2020 年 7 月 15 日召开国务院常务会议，重点支持高校毕业生等群体创业，这些措施极大地激发了新生代群体的创业热情。同时，创业是一项高风险活动，在创业过程中会遇到各种问题和挑战。因此，如何引导新生代创业者积极有效地面对和处理创业过程中的困难，以锲而不舍的精神坚持创业，这已成为贯彻国家创新驱动发展战略的重要内容之一。

1.3　研究思路及方法

1.3.1　研究思路

第 1 章，绪论。在介绍和分析研究背景的基础上，提出研究问题；然后对研究意义、研究思路、方法、创新点和技术路线进行概括。

第 2 章，文献综述。在对国内外有关心理韧性、职业韧性和创业韧性相关概念、结构模型、影响因素和结果效应进行回顾的基础上，进一步梳理、归纳、总结现有研究成果以及未来可能的研究方向。

第 3 章，新生代员工职业韧性形成机制的质性研究。首先，从自我调适能力、自我挑战能力、自我职业规划能力、自我独立能力和自我效能五个方面介绍新生代员工职业韧性现状。其次，通过对典型企业的调研，运用访谈法对新生代员工职业韧性的影响因素进行分析。再其次，对上述影响因素中的重要维度领导方式进行深入挖掘，运用案例研究法分析包容性领导如何塑造新生代员工职业韧性。最后，对本章做出小结。

第4章，新生代创业者创业韧性形成机制的质性研究。首先，从创业人格、创业文化涵养、创业自愈机制、创业培育机制四个方面介绍新生代创业者创业韧性现状。其次，运用扎根理论分析方法对新生代创业者创业韧性的影响因素进行分析。再其次，对上述影响因素中的重要维度团队氛围进行深入挖掘，进一步运用扎根理论探讨团队凝聚力对新生代创业者创业韧性产生的影响。最后，对本章做出小结。

第5章，新生代"双业"韧性的提升优化对策研究。本章从新生代员工的职业韧性和新生代创业者的创业韧性两方面，提出相应的提升优化策略，从而有助于从实践方面进一步培养和提高新生代群体的"双业"韧性，增强职业稳定性。

第6章，结论与讨论。总结本书的主要研究结论，阐释主要的理论贡献，并指出研究存在的不足，进一步提出未来的研究展望。

1.3.2　研究方法

1.3.2.1　文献归纳法

通过南京大学丰富的学术论文数据库重点对国外 21 种顶级期刊（TOP A、A－和 B＋）以及国内核心学术期刊中有关新生代、心理韧性、职业韧性和创业韧性等方面的内容进行跟踪检索。通过对这些文献著作进行分析、整理、归纳，了解本领域研究现状，提出本书研究的初步构思，并确认研究主题和思路。

1.3.2.2　深度访谈

访谈是一种研究性交谈，是研究者通过谈话的方式从受访者那里收集第一手资料的研究方法。而深度访谈则是研究者对受访者进行深入的访问，用以揭示对某一问题的潜在动机、态度和情感。与问卷调查相比，访谈可以直接询问受访者自己对某一问题的看法，用其自身的语言和概念表达观点，具有更大的灵活性以及对意义进行解释的空间。本书通过开放式、半开放式的多次深度访谈来了解新生代群体心理韧性的形成过程。

1.3.2.3　扎根理论

扎根理论是一种基于质性资料建构理论模型的研究方法。格拉泽和施特劳斯（Glaser & Strauss，1967）将其定义为通过归纳的方法对现象加以分析整理所得的结果，经由系统化的资料收集与分析而发掘、发展，并已暂时地验证过的理论。资料的收集、整理与分析是一并发生、同时进行、连续循环的过程。因此，在本书中对多次深度访谈生成的大量文本性资料便于运用扎根理论对受访者进行比较、辨析，从而进行新生代群体职业韧性和创业韧性的作用机制理论模型的建构。

1.3.2.4　案例研究

案例研究一直是管理理论构建和理论改进的重要研究方法。该方法最适合研究"怎么样"和"为什么"类型的问题，其研究对象是目前正在发生的事件，同时研究者对于事件不能控制或者极少能控制。案例研究和其他研究方法一样，是遵循一套预先设定的程序、步骤，对某一经验性、实证性课题进行研究的方式。案例研究中最常用的六种数据来源包括：文献、档案记录、访谈、直接观察、参与性观察和实物证据。每种数据来源各有优缺点，不同种类的数据来源相互补充、相互印证，形成"测量三角形"类似的效果，从而提高案例研究结论的有效性或正当性和可靠性。数据分析的过程概括为三项主要活动：数据提炼、数据展示和结论推导/验证。数据提炼是将数据加以筛选、聚焦、简化、抽取，包括将现场记录加以整理；数据展示是一个将数据加以适当组织、压缩、集成，以便进行归纳的过程；数据推导是指确认数据中隐含的模式、规则和逻辑关系的过程。

1.4　研究创新点

本书的创新点主要体现在以下四个方面。

第一，本书从互动性的复杂研究视角探讨新生代群体的"双业"韧性。个体职业韧性和创业韧性的形成是人格特征、保护性环境因素和个体应对机制交互作用的结果，因此本书采用动态的、长期的、复杂的过程性视角进行界定，从而有利于揭示个体从平衡破裂到重新整合的韧性获取过程。不同于以往的大部分研究，本书更多地将职业韧性和创业韧性作为一个独立的概念，从互动性的复杂视角探讨新生代群体的"双业"韧性。

第二，本书进一步丰富了"双业"韧性的本土化情境。因为心理韧性的研究受限于西方已有的概念架构，所以国内大多数学者都是对西方学术界发展出来的职业韧性和创业韧性的结构模型或测量量表进行实证研究，以验证其在中国的普适性。本书基于新时代中国社会、文化环境和组织背景，探讨新生代群体职业韧性和创业韧性的新内涵，挖掘其韧性的形成机理和触发机制，进一步地，构建出相应的价值观培养和引领策略架构，从而有助于总结出具有中国情境特色的心理韧性管理理论，进一步丰富工作价值观领域的跨文化研究。

第三，本书运用访谈法、扎根理论、案例法等质性研究方法深入挖掘新生代群体的"双业"韧性。通过开放式、半开放式的访谈，并运用扎根理论等质性研究方法对访谈资料进行分析，较为全面地梳理出新生代群体职业韧性和创业韧性的新内涵。同时结合企业调查，综合采用检测追踪的客观数据和主观汇报的访谈数据，进一步通过案例研究和扎根理论分析探讨新生代员工职业韧性和新生代创业者创业韧性的影响因素。

第四，本书对新生代群体进一步培养和提高其"双业"韧性具有针对性的实践指导价值。一方面，"90后"新生代员工已成为职场新生力量和组织核心人力资源，如何引导其积极面对职场各种压力，理性对待求职和留职，提高敬业度和忠诚度，正成为现代人力资源管理实践的重要课题。另一方面，国家推出四项重磅举措助力青年创业，同时创业是一项高风险活动，在创业过程中会遇到各种问题和挑战。因此，如何引导新生代创业者积极有效地面对和处理创业过程中的困难，以锲而不舍的精神坚持创业，这已成为贯彻国家创新驱动发展战略的重要内容之一。在此背景下，本书将中国新生代群体作为研究对象，以其职业韧性和创业韧性的新内涵及影响因素作为研究内容，期望进一步培养和提高"双业"韧性以应对就业和创业过程中的各种压力、困难和挑战，则具有重要的实践指导意义。

1.5 本书技术路线

本书技术路线如图 1-1 所示。

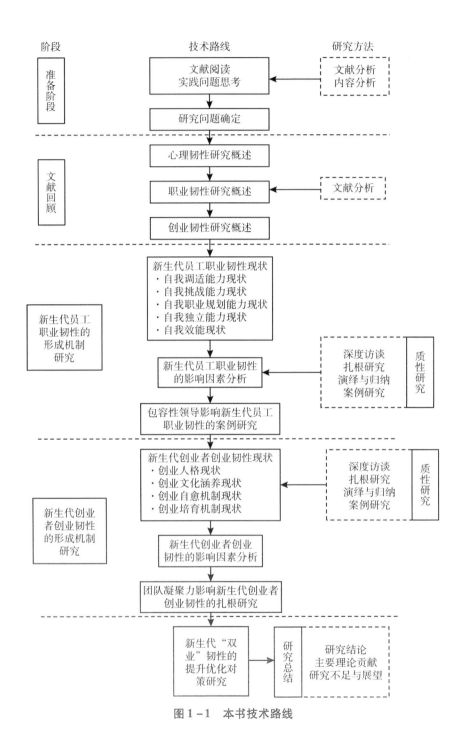

图1-1 本书技术路线

1.6 本 章 小 结

本章首先在分析现实背景和理论背景的基础上，提出本书的研究问题，阐明研究的理论意义和实践意义。其次，介绍了本书的研究思路以及研究中采用的主要质性研究方法。再次，总结了本书的主要创新之处。最后，提炼出本书的技术路线图。下一章将对本书涉及的主要文献进行系统的梳理和归纳，并对未来研究趋势以及以往研究不足给出评述。

第 2 章

文 献 综 述

本章分为五个部分，在对国内外有关心理韧性、职业韧性和创业韧性的相关概念、结构模型、影响因素和结果效应进行回顾的基础上，进一步梳理、归纳、总结现有研究成果以及未来可能的研究方向。

2.1 心理韧性研究概述

2.1.1 心理韧性的概念

韧性一词源自拉丁文"resilio"，来自自然科学领域，是指物体出现塑形变形和断裂过程中吸收能量的能力。最早被物理学家应用在材料学领域，描述材料的复原能力（McAslan，2010）。随着学者们的深入研究，韧性的相关概念运用不断扩展到了生态学、心理学、应急管理及城市管理等不同的学科领域。1973 年，加拿大生物学家霍林（Holling，1973）把韧性的相关知识运用到生态学研究中，并发表了题名为《生态系统的韧性和稳定性》的研究成果，该研究对韧性的释义是物体为了保持原有的状态所具备的吸收冲击的能力，也称为 Holling 弹性或生态（系统）弹性（ecological or ecosystem resilience）。随后，冈德森和霍林（Gunderson & Holling，2002）提出了著名的扰沌（panarchy）理论，运用韧性定义为生态系统在面临环境变化或人类使用时仍能保持稳定状态的特征。之后，学者们在不同领域开展对韧性的相关研究，韧性概念的理论得到了丰富与深化。

国内学者对"resilience"的翻译有多种。我国香港学者结合教学、研究与实践，从应激心理学和健康心理学的角度，给出了"压弹"的意义，明确社会适应的重要性和应激、应对的和谐统一。阳毅和欧阳娜（2006）将其翻译为"复原力"，主要是指个体所拥有的个人资源，包括两个方面：一是个体自我所具有的复原力；二是个体所拥有的社会资源，例如，朋辈群体、父母亲人对其提供的支持和帮助。这种复原力能够帮助个体从困难和挫折中较快地恢复过来。于肖楠和张建新（2005）将其译为"韧性"，并定义为个体在经历创伤或者消极事件之后还能恢复到原始状态，而且在这种压力之下，个体展现出顽强拼搏、不畏艰难险阻的精神风貌，从而通过压力事件获得成长。陈志成（2005）从"抗逆力"角度翻译，认为韧性是个体面对困境、失意时的心理调适能力。当个体经历困难或挫折时，能够承受压力，积极应对、主动解决困难，始终保持积极向上的、乐观健康的心态和行为能力。席居哲（2006）从"弹性"的角度进行释义，认为弹性强调以下四个方面：一是应关注积极的结果；二是注意各种积极的影响；三是要关注个体如何应对压力和面对逆境处理问题从而得到锻炼和成长的过程；四是强调关注不同个体在对强大压力和严重逆境时所产生的反应特点甚至在处理问题过程中的差异表现。

伴随霍林（Holling，1973）将韧性引入科学研究，韧性的相关研究得到了深入发展，在生态学、工程学等工科领域和心理学等文科领域都有了显著的发展。与此同时，对韧性的特点、含义和分类等有了更加详细的研究。学者们也对韧性有了更多的观点，对韧性进一步分类，产生了工程韧性、经济韧性等。此外，韧性的概念也引入了社会学领域，研究学者结合自身研究，对韧性进行了更加深入的研究。但是在社会科学领域，不同学科的研究中，对韧性的概念提出了不完全相同的界定。20 世纪 70 年代，国外儿童领域专家率先提出心理韧性的概念，他们在对童年生活不顺的儿童长期跟踪研究中发现，即使是面对恶劣的外部成长环境，个体仍能够较好地适应外部环境，并由此提出了心理韧性的概念。受制于中外文化的差异，心理学工作者尚未对心理韧性形成统一的概念界定。"resilience"一词也存在多种形式的翻译，如心理韧性、心理弹性、耐挫力等。美国心理学会（APA）将韧性的概念界定为：当个体在面对挫折、创伤等消极事件时，能够承受压力，积极应对，并且能够调适个人状态尽快适应现状，以解决问题的能力。联合国儿童基金会（UNISDR）认为，韧性是个体能够有效适应挫折，从不良影响中恢复的能力。

在总结前人研究的结果中发现，特质论、结果论、过程论是心理韧性概念界定的三个主要依据。

（1）特质论。特质论认为，心理韧性存在较大的个体差异，具体表现为个体在应对压力挑战时会采取不同的应对策略。拉扎勒斯（Lazarus，1993）认为，心理韧性与个体的情感息息相关，是个体一种不易改变的特质，可以帮助个体更好地应对困境、压力与挑战，从而更好地适应外部环境。康纳和戴维森（Conner & Davidson，2003）从逆境、能力和保护因子的角度开展研究，发现心理韧性通常在个体面对困境时发挥作用，有助于个体保持心态平稳。

（2）结果论。结果论认为，心理韧性是在经历重大社会创伤之后形成的一种较为积极向上的结果。马斯廷（Masten，2001）认为，一旦个体经历过痛苦的磨练形成了心理韧性，那么就可以更好地迎接未来生活的挑战。

（3）过程论。过程论强调心理韧性的动态过程，重在突出个体面对不同压力和挑战时的心理变化。美国心理学会认为，心理韧性是一种动态平衡过程，为了保护个体的稳态，个体生存环境中的保护因子和危险因子会发生复杂的交互作用。凯思琳（Kathleen，2004）也认为，根据生理学和心理学研究的证据来看，心理韧性是一个动态平衡过程。心理韧性可以让个体在面对困难、压力和绝境时从容应对，轻松并成功地克服艰难险阻。个体生存环境中，各种能量的相互交织和作用决定了个体的心理韧性水平。卢塔尔等（Luthar et al.，2000）在总结前人界定的基础上，对心理韧性做出了一种批判性评价，认为心理韧性是一个动态的过程，是个体遭遇挫折或重大社会压力事件时，自身各种危险因素与保护性因素之间的动态交互过程。总结以上观点，可以发现心理韧性的特点为动态性、特质性、差异性、过程性和结果性，而且心理韧性是一个多层面、多维度的概念。结合不同心理学工作者对心理韧性的界定，同时综合本书研究的需要，本书认为，心理韧性是一种普遍的适应能力，当个体在面对灾难或压力时，减少、适应甚至克服不良因素对自己造成的破坏性影响的一种较稳定的心理特质，在缓解创伤性压力给个体带来负性影响和维持机体正常心理状态时具有一定的促进作用。

2.1.2　心理韧性的理论模型

心理学工作者为了更加明确心理韧性的作用机制，从不同的视角编制了多种心理韧性的结构模型。曼德罗（Mandleco，2000）的心理韧性组织框架认为，身体内部因素和外部因素之间构成一个系统，并相互促进、相互补偿，共同对个体发挥作用。孔普弗（Kumpfer，2002）的心理韧性理论框架认为，个体的心理韧性水平和发展过程主要受到个体成长所处环境特征（如危险性因素和保护性因素）与个体心理韧性特质的影响。加米泽和马斯廷（Garmezy & Masten，1985）在对个体发展中的保护因素与危险因素进行了详细研究后提出了三种理论模型，分别为保护模型（protective model）、补偿模型（compensatory model）和挑战模型（challenge model）。综合不同心理韧性模型的特点，可以发现个体特质与环境因素是影响个体心理韧性水平的主要因素。

2.1.2.1　心理韧性组织架构模型

曼德罗（Mandleco，2000）在对大量文献的总结与梳理中，提出了"心理韧性的组织框架"（见图2-1）。此框架对影响心理韧性各个因素之间的关系进行了清晰呈现，将心理韧性的影响因素分为外部因素和内部因素：外部因素包含生物因素、心理因素；内部因素包含家庭内、家庭外因素。具体来看，生物因素包含总体健康状况、遗传特征、脾气和性别。心理因素包

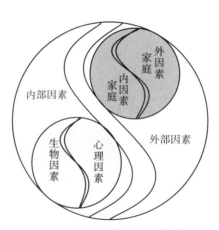

图2-1　心理韧性组织架构模型

资料来源：Mandleco B L. An organizational framework for conceptualizing resilience in children [J]. Journal of Child and Adolescent Psychiatric Nursing, 2000, 13 (3)：99 – 112.

含认知能力（智力、认知方式）、处理能力和人格特征（人际关系、自我意识）。家庭内因素包括家庭环境、教养方式、父母、兄弟姐妹及祖父母。家庭外因素包括成年人、同龄人、学校、教堂、全托/学前机构、青少年组织及健康/医疗服务中心。外部因素和内部因素都十分重要且相互影响，在一定情况下，如果某一个影响因素缺失或不足，心理韧性可以由另外一个影响因素进行补偿以达到平衡，这就是心理韧性影响因素的补偿效应。

2.1.2.2 Kumpfer 理论模型

孔普弗（Kumpfer，2002）整合了前人的心理韧性模型，提出了心理韧性影响因素的过程整合模型，通过此模型可以更直观地了解到个体心理韧性的变化过程。当个体面对压力和逆境下的挑战时，会受到各种各样社会和环境因素影响，有积极的保护因素，也有消极的破坏因素。个体会与社会和环境因素相互作用，经过认知－适应后，个体会形成内部的心理韧性因素（认知、情感、身体、精神、行为）。在心理韧性形成过程中，如果个体面对的压力和挑战过大以至于无法承受，那么心理韧性则会破坏并进行重组，使个体进行再适应，以此往复循环。

孔普弗（2002）的心理韧性框架是在已有理论的基础上得出的，是最具整合性的框架（见图 2 - 2）。第一部分，在应激状况下，个体调动各方面资源（家人朋友、政府社会等）的危险因素和保护因素应对挑战。若在此过程中，保护性因素更多时，产生缓冲效应，个体往往能够比较好地度过危机；相反，容易被困难打败，导致适应不良。第二部分，强调人与环境的互动过程，更强调人的主观能动性。个体对环境的感知以及有意无意地改变环境，从而进行积极重构的过程。第三部分，主要列举一些个体心理韧性的相关因素，如行为、认知、精神、情感等。第四部分，具体描绘了心理韧性的作用过程以及可能导致的三种结果（心理韧性重组、适应和适应不良重组），在巨大的应激情境下，个体通过充分调动内部心理韧性机制抵抗压力。心理韧性重组是一种钢化效应的例证，个体经过挑战后，心理韧性水平有所提升；适应是指刺激过后，心理韧性回归到之前的状态；适应不良重组是指压力事件过后个体心理韧性处于较低水平，并导致适应不良。这个过程也更好地诠释了心理韧性和心理障碍存在负性相关的关系。孔普弗（2002）理论模型综合了个体、环境、交互过程三者的相互作用，较为全面和综合地展示了韧性效应的发挥以及整个过程的发生和发展。

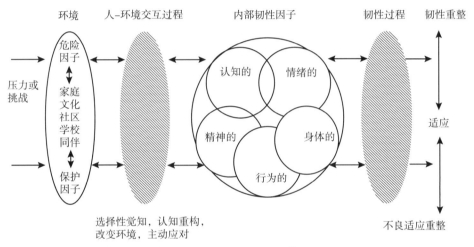

图 2 - 2　Kumpfer 理论模型

资料来源：Kumpfer K. L. Factors and processes contributing to resilience ［M］. Resilience and Development, Springer, Boston, MA, 2002：179 - 224.

2.1.2.3　Garmezy 理论模型

加米泽（Garmezy，1985）对个体在发展中的保护因素和危险因素进行了详细研究，并针对这些因素提出了三种理论模型，分别为保护模型（protective model）、补偿模型（compensatory model）和挑战模型（challenge model）。以上三种模型可以用来解释保护因素和危险因素之间的关系以及它们对个体的作用。保护模型是指当个体在面对困难和逆境时，由于之前成功的经历或经验，使得保护性因素能够发挥积极作用从而克服危险因素，以协助个体成功克服困难。

后来，加米泽（2010）还对保护模型因素之间的作用过程进行了进一步区分，分为保护稳定性模型（protective-stabilizing model）和保护反应性模型（protective-reactive model）。补偿模型认为，保护因素和危险因素共同发挥作用，它们之间不存在相互作用的关系。保护因素对个体起积极的保护作用，而危险因素则将个体向不利的方向引导。当个体面临危险处境时，个体的优良特质和外部的保护因素都发挥重要的作用。这些优良的特质和保护因素可以压制危险因素，从而帮助个体克服困难，最终赢得胜利。挑战模型是指在个体面对挑战和困难时，一定程度的危险水平可以发挥积极作用，帮助个体克服困境。相关研究表明，中等程度的危险水平对个体更为有利，危险水平过高和过低都会对个体产生不利的结果。

2.1.2.4　Richardson 过程模型

理查森（Richardson，2002）更进一步对心理韧性模型的概念进行了补充和完善，提出了过程模型（见图 2-3）。该研究把重心放在如何维护平衡状态，认为身心平衡状态是保护因素和负性事件相互作用的结果，一旦危险因素更多时，个体心理、生理和精神的平衡被打破，导致认知领域重组，最终造成三种不同的结果。第一，发展结果，重新整合促进心理韧性的提升；第二，停滞结果，个体心理韧性水平恢复到初始的平衡状态；第三，退化结果，过去意识和信念功能的丧失或者彻底陷入紊乱状态，例如，用药物、自残等方式消极应对。以上三种模型，使我们对于心理韧性的概念以及运行机制有了更加形象的理解和更加清晰的后续实验研究思路。同时，以上模型的提出也在一定程度上为心理韧性研究整合性趋势提供了前提和动力。

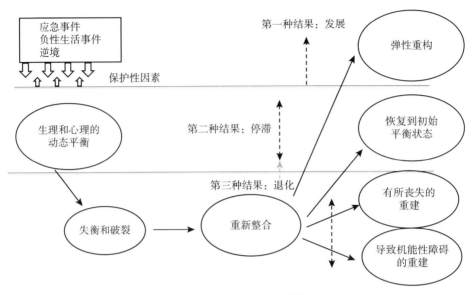

图 2 – 3 **Richardson** 过程模型

资料来源：Richardson G E. The metatheory of resilience and resiliency ［J］. Journal of Clinical Psychology，2002，58（3）：307 –321.

2.1.3 心理韧性的测量

心理学工作者们开展了一系列卓有成效的研究，旨在开发心理韧性的测量工具，但由于学术界对心理韧性的定义不同，在工具的研发过程中存在诸多争议。

2.1.3.1 国外心理韧性量表

国外学者开发的心理韧性量表主要有以下六种。

（1）MTQ-48 心理韧性量表。

克拉夫等（Clough et al.，2002）以"4C 模型"为基础研制了心理韧性问卷 MTQ-48（mental toughness questionnaire-48）。该问卷从承诺、自信心、控制与挑战四个维度对心理韧性进行了衡量，内部一致性系数分别为 0.71、

0.80、0.73、0.71。该问卷由 6 个分量表组成，共包含 48 个子条目，采用李克特五点计分法。问卷结构效度良好，重测信度达到 0.9。但该量表也受到学术界的诸多质疑，主要原因在于问卷编制依据的是坚韧（hardiness）的特质结构，而不是意志力（mental toughness）。另外问卷的调查群体不同，契合心理韧性模型的程度也不同，这也是其局限之处。

（2）心理韧性量表（RS）。

1993 年，瓦格纳和永（Wagnild & Young，1993）编制了心理韧性量表，包括 25 个题目，分为两类因素：个人能力、对生活和自我的接受。心理韧性与个体的适应能力高度相关，被视为个体稳定的心理特性，其编制过程是基于成人被试进行开发的，但在推广到不同年龄段及种族的使用过程中，逐渐获得了诸多研究者的认可。

（3）Connor-Davidson 韧性量表（CD-RISC）。

此量表由康纳和戴维森（Conner & Davidson，2003）编制完成，包含 25 个题目，测量对压力的成功应对能力，适用于一般人群和精神异常的人群。

（4）成人心理韧性量表（RSA）。

由弗里堡等（Friborg et al.，2003）编制，共 37 个题目，包含五类因素：社交能力、个人能力、家庭和谐、个人结构和社会支持。该问卷主要针对人群为成年人，主要目的是测量促进成人个体心理韧性的保护性因素，可以用于健康人群和心理门诊病人。

（5）青少年心理韧性量表（ARS）。

由奥西奥等（Oshio et al.，2003）编制，共 21 项，分为三类主要因素：新颖刺激寻求、情绪控制和未来定向，但只用于日本青少年。

（6）简短的心理韧性应对量表（BRCS）。

由辛克莱和沃尔斯顿（Sinclair & Wallston，2004）编制，共 4 个题目。其测试目的主要是考察被试在面对压力时能否快速适应，但由于该量表条目过于简单，因此信效度较低。该问卷通常用来考察个体对心理韧性的需求程度。

2.1.3.2　国内心理韧性量表

国内也有不少围绕着心理韧性主题编制的调查量表，其中围绕着大学生的调研占很大一部分，比如：阳毅编制的大学生复原力量表（resiliency scale of university students）共31题，六个维度包括稳定性、问题解决、自我接纳、自我效能、家人支持和朋友支持，总量表的分半信度为0.6334，内部一致性系数为0.8594，信效度均达到较好的水平。由于肖楠等（2005）在中西文化差异及中国文化特有的韧性理解和受测人群特质的基础上，对康纳和戴维森（Conner & Davidson，2003）编制的心理韧性量表（CD-RISC）进行了修订，修订后中文版量表的研究包括人际关系相关性分析、应对方式、积极/消极情感、社会信念和韧性等的相关性分析，用来评价个体适应逆境的心理能量，从"完全不符合"到"完全符合"采用五级评分，包括乐观、坚韧和自强三个维度，共25题，得分越高表明心理韧性越强，量表的内部一致性系数为0.89。徐家华（2010）编制的大学生心理韧性问卷（resiliency scale for university students），包括目标感、执行力、社会支持、家人支持、调用心理资源和社会资源的能力、情绪稳定性、问题解决能力、自我接纳、自我效能、自我价值，共42道题目，采用李克特五点计分法，分数越高说明心理韧性越好，该量表内部一致性系数为0.94，具有良好的信效度。徐迎利（2007）编制了贫困大学生心理弹性量表。除大学生群体以外，一些学者也制定了其他领域量表，比如胡月琴等（2008）在参阅了英文原版青少年心理韧性量表的基础上，以及对我国青少年实际情况的分析，最终编制了信效度都很高且适合我国文化的青少年心理韧性量表，包括积极认知、情绪控制、家庭支持、目标专注和人际协助5个维度，采用五级评价。另外，还有程丽（2009）的高考复读生心理弹性量表、曾军（2007）的企业员工心理弹性量表等。

2.2 职业韧性研究概述

2.2.1 职业韧性的概念

卢塔尔等（Luthar et al. , 2000）认为，韧性具有特定领域性，建议在研究韧性时，应该明确指出是哪个领域的韧性并使用限定词，例如"教育韧性""情绪韧性""行为韧性"等。显然，职业领域中韧性概念的准确描述就是职业韧性（career resilience）。将 career 和 resilience 合在一起作为一个专业术语则最早由伦敦（1983）在其论文《职业动机理论》中提出。在职业动机理论中，职业韧性是一种个体特质，其含义为在不乐观的环境中个体对职业破裂的反抗。职业韧性的对立面是职业脆性（career vulnerability），职业脆性是个体面对不乐观的工作条件（例如获取职业目标受阻、不确定性、不良的同事或上司关系、解雇等）时的心理脆弱程度（如焦虑不安、功能失调等）。后来他又将含义扩充为一种个体适应变化的职业环境甚至是不乐观或恶劣的职业环境的能力（London & Noe，1997）。

根据学者在界定职业韧性时的侧重点不同，可以把职业韧性的定义分为三种类型：结果性定义、品质性定义、过程性定义。结果性定义强调在遭遇职业逆境后最终取得的良好结果，不论导致良好结果的主要原因是个体的良好品质还是环境中的有力支持抑或是机遇，例如：经受高强度的工作压力但仅体现低水平的职业衰竭（Hively，2003）。品质性定义则强调个体是否拥有某些特质或能力，只要拥有这些品质，不管最终是否超越职业逆境都认为是有职业韧性的，例如：一种可从逆境、冲突、失败甚至积极的事件、进步或增加的责任中跳回或弹回的能力（Youssef & Luthans，2007）。过程性定义则强调个体应对职业逆境是一个过程，是个体与环境、保护性因素与危险因素相互作用的动态过程，环境因素是动态的，而个体的应对方式和品质也是变化的，例如：我相信职业韧性既不是一个稳定的状态也不是一种特质，而是一个过程（Caverley，2005）。

2.2.2 职业韧性的结构模型

由于研究兴趣和研究对象的不同，不同学者提出的韧性模型重点和结构成分也存在差异。

2.2.2.1 London 职业动机理论和职业韧性模型

职业动机是引起并维持个体关于职业规划、行为及决策的力量，由职业韧性、洞察力和认同三个维度构成（London & Noe，1997）。其中，职业认同为职业动机指定方向，职业洞察力起到激发和唤醒作用，职业韧性则起到维持作用。

伦敦（1983）假设职业韧性由三个维度构成，即自我效能、冒险、依赖性。自我效能维度包括自尊、自律、适应力、内控性、成就需要、主动性、创造性、内在工作标准和发展定向。冒险维度包括冒险倾向、失败恐惧、安全需要、不确定性和模糊性的容忍度。依赖性包括职业依赖性和对上司/同事的认可需要。他进一步指出，职业韧性的成分中可以再增加其他成分，但是个体没有必要具有以上全部特征或在三个维度上具备同样高的水平来保持韧性。职业韧性与环境、个体的职业决定和行为三者之间存在未来式关系和回溯式关系（见图 2-4）。环境中的正强化、组织改变、鼓励自主性、对学习和技能开发的支持、建设性的绩效反馈、对创造力的支持、对品质的要求等因素会影响职业韧性的成长。不过他认为，职业韧性在职业发展的过程中较不易发展，工作者应在进入成年期前培养职业韧性，将有助于其职业成功。

图 2 - 4　London 的职业韧性模型

资料来源：London M. & Noe R. A. London's career motivation theory：An update on measurement and research [J]. Journal of Career Assessment，1997（5）：61 - 80.

2.2.2.2　Collard 职业韧性模型

位于加利福尼亚州的职业行动中心（Career Action Center，CAC）的研究者科拉德等（Collard et al.，1996）提出的职业韧性模型是一个概念模型，她用车轮（见图 2 -5）来表示概念结构。将职业韧性作为一种新的职业开发

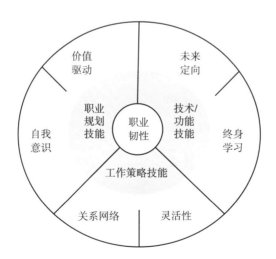

图 2 - 5　Collard 的职业韧性模型

资料来源：Collard B.，Epperheimer J. W. & Saign D. Career resilience in a changing workplace [M]. Columbus，OH：ERIC Clearinghouse on Adult，Career and Vocational Education，1996.

开发模式,这种新的职业开发模式对个体和组织都有利,并且是新的雇佣心理合同提高可雇佣性发展的必然结果。为了实行职业韧性开发,组织也负有相应的责任。职业韧性尽管在个体幼年已有所发展,但个体和组织仍然可以采取一系列的干预措施来提高其职业韧性。

在职业韧性车轮中,职业韧性由三个核心成分、六个关键特征构成。三个核心成分分别为职业规划技能、技术/功能技能、工作策略技能。(1)职业规划技能具有自我意识与价值驱动两个关键特征,包括评估个体的职业兴趣、价值观、技能、风格,识别最佳的工作场所与工作方式。这一部分技能可帮助个体识别对自己有意义的能带来满意的工作。(2)技术/功能技能具有终身学习与未来定向两个关键特征,是个体所从事的领域或专业所需要的技能。专业知识和技能需要经常性更新以便能跟上变化,使个体拥有市场竞争力。(3)工作策略技能具有关系网络与灵活性两个关键特征,例如主动性、领导力、团队合作能力、沟通能力、问题解决技能和思考能力。

六个关键特征包括自我意识、价值驱动、终身学习、未来定向、关系网络和灵活性。(1)自我意识是个体对自己的能力、特征、职业兴趣、优劣势有清晰的认识。(2)价值驱动使个体有明确的价值追求。(3)终身学习可使个体跟上本领域的发展。(4)未来定向可使个体留意未来发展趋势以便及时调整职业发展计划。(5)关系网络可使个体从中获得支持。(6)灵活性则使个体快速适应变化。

2.2.2.3 Pulley 职业韧性模型

普利(Pulley,1995)根据质性调查研究提出了一个职业韧性模型(见图 2-6)。她根据对工作假定的变化程度和对自我假定的变化程度两个维度,把个体对职业逆境的反应分成转换型、谨慎型、功利型、防备型四种类型。纵坐标的上端表示理解和接受雇主与员工之间新的心理合同及工作世界发生的变化,重新思考工作在生活中的位置,而另一端则表示对此无变化。在纵坐标上，职业韧性水平从上到下依次递减。横坐标的右端表示自我检查和反省，以及理解新的价值观和信念，如成功的标准、意识中的自我形象、对自我的评价和态度等，而左端则表示无变化。在横坐标上，职业韧性水平从右到左依次递减。

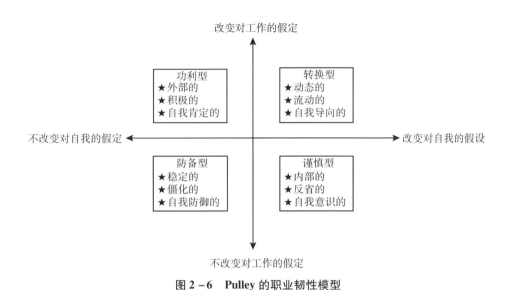

图 2 - 6　Pulley 的职业韧性模型

资料来源：Pulley，M. L. Beyond the corporate box：Exploring career resilience ［D］. Peabody College for Teachers of Vanderbilt University，1995.

转换型代表对工作和自我的假定都发生了变化。对于这类个体，体验的变化最大，职业挫折对他们来说是一个巨大的转折点。谨慎型对逆境的反应仅仅是自我反省和学习，对于雇主与员工之间新的心理合同仍不理解。功利型与谨慎型正好相反，职业挫折使他们很好地理解了雇主与员工之间的新型契约以及该如何掌管自己的职业生涯，但是职业挫折没有引起他们的自我反省。防御型则顽固地坚守既有的工作观念和自我观念。在四种类型中，转换型体现的职业韧性水平最高，防备型体现的职业韧性水平最低。普利（Pulley，1995）认为，职业韧性是动态的过程，个体在职业逆境的应对中不同时期可能会表现为不同类型，没有固定路线可循。

2.2.2.4 Daryl Conner 韧性模型

心理学家康纳（Conner，1993）是畅销书《管理变革的速度：韧性管理者如何成功和发达》的作者。在各类经历变革的企业中做了近 20 年的咨询师、培训师和研究者，他提出了职业韧性结构，包括五种基本成分：积极性、集中精力、灵活性、组织化和前瞻性。这五种基本成分又可细分为以下七种。

（1）积极性世界。

个体对外部世界的观点是否积极。研究表明，积极的个体与消极的个体在倾向上的差异在于前者关注环境中的积极因素，视环境为复杂而有挑战性。积极的个体能从险象环生的情景中看到机会和希望。而主要关注消极因素的个体则会陷入焦虑和抑郁的恶性循环中，看不到环境中隐含的价值和机会。乐观的精神很重要，会激励人们为扭转消极因素寻找途径，主动创立积极的环境。

（2）积极性自我。

对自己抱有积极的信念，相信自己是有价值、有能力的人。人们需要一个牢固的根基，以此来面对生活中的不确定性和压力。这个根基可以从对自己能力的现实评价和发展性的自我接纳中形成。当个体觉得自己能达到目标时，会自信地采取行动，能够经受失败的考验，不会因失败而失去价值感。这种信念还意味着个体相信自己能影响环境、掌控生活，而不是相信外力在控制自己的命运。

（3）集中精力。

个体能否把精力专注于设定的目标。当目标或优先顺序清楚时，个体在遭受中断或挫折后更易回到正轨。研究者发现，那些描述自己有强烈目的感的个体，或认为自己生活有意义或目标的个体，能更好地管理冲突情境，找出重要的问题，评价备择方案的价值，更有效地运用自身能量。没有目的和优先顺序的个体，则很多时候不能有效地运用资源。

（4）思维灵活性。

思维的开放性、视角的多样性、对于矛盾和不确定性的青睐、彰显卓越的创造力和想象力。

（5）社会灵活性。

善用他人资源、与他人建立和维持亲密的关系、发展互惠的支持性友谊，表现出积极的社会适应性和应变能力。

（6）组织能力。

组织能力使个体在混乱和模糊情境中找到秩序。这种能力要求个体有很高的处理信息的能力，能辨识有用和重要的信息，把掌握的信息进行逻辑化和结构化，使之成为一个可行的具体操作计划。

（7）前瞻性。

个体对未来环境和事物变化的预见和应对能力。

2.2.3　职业韧性的测量

伦敦（1983）最先对职业韧性进行测量并编制工具，他与美国电话电报公司（AT & T）的同事一起编制了《职业动机量表》，通过 45 个题目来测量职业动机的三个维度，其中有 21 个题目用来测量职业韧性。1993 年该问卷被设计成只有 17 个题目的短版，其中有 5 个题目用来测量职业韧性。整个量表采用李克特量表五点记分法，职业韧性分量表的内部一致性信度为 0.66（员工自评）和 0.86（上司对员工的评价）（London & Noe，1997）。

随后许多学者对职业动机进行测量，其中比较突出的有诺埃等（Noe et al.，1990）设计的 26 个题目的职业动机问卷。此研究中，职业韧性分量表由 13 个题目构成，该分量表的内部一致性系数为 0.74。研究支持了伦敦的大部分假设，即个人特征和情境特征与职业韧性显著相关。

格里泽达和普林斯（Grzeda & Prince，1997）整合了伦敦（1983）和诺埃等（1990）等学者的研究，编制了 14 个题目的职业韧性分量表。该分量表的 5 个题目来自伦敦（1983）的量表，另外 9 个题目来自诺埃等（1990）的量表，该量表有很好的结构效度。

根据该理论来测量职业韧性的研究不多，其中最有影响的职业韧性工具是由摩根里昂为 Operation ABLE of Michigan 公司设计的。该量表由 14 个题目构成，采用李克特五点记分法，内部一致性系数为 0.88。另外，高恩等（Gowan et al.，2000）也根据该理论编制了 8 个题目的职业韧性测量量表。

南非约翰内斯堡大学的范维伦教授，指导学生对职业韧性的测量和效度研究做了颇具洞见的研究。他编制的《职业韧性问卷》由 60 个题目构成，包括四个因素分别为相信自己、否认传统职业成功源、自我依赖、接受变化（De Bruin & Lew，2002）。

此外，一些心理韧性的测量工具也常用来度量职业韧性。例如弗里堡等（Friborg et al.，2003）编制的成人心理韧性量表（RSA），宾西法尼亚大学适应研究实验室的雷维奇和沙特（Reivich & Shatte，2002）编制的韧性因素量表（RFI）。RFI 由 60 个题目构成，测量了 7 个韧性因素，分别为情绪控制能力、冲动控制能力、因果分析能力、自我效能、现实的乐观精神、移情和寻求帮助。该问卷主要用于企业员工培训，测量员工现有的韧性水平以及经过培训干预之后的韧性水平，有良好的结构效度，但是分量表的内部一致性系数不高。

2.2.4 职业韧性的影响因素

2.2.4.1 人口统计学变量对职业韧性的影响

许多研究显示年龄与职业韧性正相关（Brainerd，1992；Fisher & Staf-

ford，2000；Noe et al.，1990）。例如布雷纳德（Brainerd，1992）发现，35
岁及以上护士的职业韧性显著高于 35 岁以下的护士；诺埃等（Noe et al.，
1990）也发现，职业稳固期（31~45 岁）和维持期（46 岁及以上）的职业
韧性显著高于尝试期（30 岁及以下）。伦敦和诺埃（London & Noe，1997）
认为，这可能是由于员工工作经验，特别是适应变化的经验增加导致的。

在性别影响职业韧性方面，伦敦（1983）曾推测女性可能会显示较低的
职业韧性。例如他认为女性倾向于低估自身潜能，对自己的绩效给予较低的
评价。女性不被鼓励去参与体育运动，没有学习如何将危险看作成功的机会。
这些因素对女性的职业韧性造成负面影响。然而，相关研究表明，性别在职
业韧性上没有显著差异（London & Noe，1997；Noe et al.，1990；Lopes，
2006）。

教育水平方面结果也并不一致。学者海夫利（Hively，2003）以中小学
心理辅导人员为研究对象，发现职业韧性在教育程度上无差异，但刘（Liu，
2003）和林瑞荣（2009）发现，高学历员工的职业韧性水平较低学历的要
高。部分研究者推测专业人员的职业韧性要高于非专业人员，但傅（Fu，
2010）对中国台湾 255 位 IT 专业人员与 246 位非 IT 员工的对比研究中，发现
这两组人员的职业韧性差异并不显著。此外，费希尔和斯塔福德（Fisher &
Stafford，2000）发现，非裔美国学生、西班牙学生和美国西南部北欧裔美国
学生的职业韧性水平没有差异。

2.2.4.2　个人特征变量对职业韧性的影响

卡弗利（Caverley，2005）认为，乐观、内控性和积极的应对方式对个体
的职业韧性有积极的影响，并通过对公共服务领域内随机抽取的 579 位职员
的调查表明，高职业韧性的职员更多地使用问题解决、自我控制、接受责任、
移情、疏远等积极的应对策略。格里泽达和普林斯（Grzeda & Prince，1997）
对 94 个由于组织缩减规模而失业的员工的调查表明，职业韧性与自律性呈正

相关。自我效能也常被报告与职业韧性正相关,例如卡弗利(Caverley,2005)的研究,还有费希尔和斯塔福德(Fisher & Stafford,2000)对 467 位本科生与硕士研究生的调查,以及高恩等(Gowan et al.,2000)对 171 个美国转业军人的调查都表明自我效能对职业韧性有正向影响。职业韧性还与个体的创造性、耐力、毅力(Grzeda & Prince,1997)以及自尊(Gowan et al.,2000;Caverley,2005)正相关。个体的心理一致感水平也会影响个体的职业韧性水平。曼诺等(Mauno et al.,2010)分别在 1996 年、1999 年、2006 年三个时间段采集数据考察职业中断与个体主观幸福感的关系,研究发现,消极的职业变化与短期高水平的身心症状相关,而低水平的心理一致感却与长期的消极职业变化相关联。此外,职业韧性还与个体对被认可的渴望和工作重要性的认识正相关(London & Noe,1997)。个体对职业生涯发展的投入也会影响个体的职业韧性水平。格雷勒(Greller,2006)研究表明,个体投入的商业目的性休闲活动时间及职业开发活动时间与个体的职业韧性水平显著正相关。个体的关系网络对其职业韧性有正向影响(Pulley,1995;Halgin,2009),个体所持的职业信念也会影响其职业韧性水平,个体所持的非理性职业信念越少则其职业韧性越高(Liu,2003)。此外,一些质性研究表明,个体的人生哲学和宗教信仰也会影响其职业韧性(Pulley,1995)。

2.2.5 职业韧性的结果效应

至于职业韧性的结果,经常研究的变量有组织承诺、职业承诺、工作满意度、工作绩效、离职倾向、身心健康、职业成功、领导效能、职业倦怠等。职业韧性的提出者伦敦和诺埃(1997)认为,职业韧性会影响个体的职业态度、决策和行为,并认为它是克服职业压力和职业障碍的关键成分。

李等(Lee et al.,2008)在韩国以大学生为被试进行研究,结果发现良好适应组的韧性水平显著高于内部职业阻碍组和外部职业阻碍组。大部分研究发现，职业韧性与对组织的承诺呈正相关（Tait，2008；Youssef & Luthans，2007）。许多研究也发现，职业韧性与个体的职业满意度和工作满意度呈正相关（Youssef & Luthans，2007；Greller，2006；林瑞蓉，2009）。职业韧性还会影响个体的工作绩效，约瑟夫和卢桑斯（Youssef & Luthans，2007）研究显示，员工的职业韧性与其工作绩效正相关；莱恩斯（Leynes，2005）也发现，职业韧性会影响广告销售代表的销售业绩。帕伦特和莱维特（Parent & Levitt，2009）研究表明，无论是管理者的评价还是下属的自我报告，员工的职业韧性越高，其工作绩效越高，并且管理者评价的员工职业韧性与其工作绩效之间的相关程度（$r = 0.566$）还要高于员工自我报告的职业韧性与其绩效之间的相关程度（$r = 0.242$）。穆尔豪斯和卡尔塔比亚诺（Moorhouse & Caltabiano，2007）调查了 77 位失业人员，结果发现高韧性者在失业时抑郁程度低并且工作找寻行为持久。

此外，还有研究发现，职业韧性是个体职业转换成功的重要影响因素（Gowan et al.，2000），职业韧性与个体在某职业领域的坚持有正向关系（Tait，2008；Hodges et al.，2008）。卡利斯和贝尔纳特（Carless & Bernath，2007）对 437 位澳大利亚心理学家的调查也证实了个体职业韧性水平与其转换职业的意愿呈显著负相关。个体职业韧性水平还会影响其对待组织变革的态度。富盖特和基尼齐（Fugate & Kinicki，2008）以美国一个公共服务组织中刚刚经历变革的部门中的 101 位员工为研究对象，在组织变革的第一阶段完成后施行了一次调查，相隔一年后再次进行了调查。调查结果表明，员工的职业韧性与员工对变革的积极情感及对变革的承诺显著正相关。此外，高职业韧性还与高水平的身体健康、更多的体育锻炼活动、更低水平的缺勤率、饮酒量、药物使用量及更低水平的职业衰竭相关（Caverley，2005）。

2.3   创业韧性研究概述

2.3.1   创业韧性的概念

创业韧性（entrepreneurial resilience）是韧性概念的延伸，是将韧性置于创业领域的一种应用。创业韧性的有关研究最早出现在 1986 年，主要探讨创业者（企业家）的"韧性精神"与地区经济增长之间的关系（Klundert，1986），但当时并未提出创业韧性这一概念。中国台湾学者陈（Chen，2005）在探索为什么有些创业失败者能够反弹而其他人不能的过程中，提出创业韧性的概念，并将其定义为创业失败者克服失败的消极影响，审视失败的潜在原因，以重新创造新企业的过程。韦尔什（Welsh，2014）则将创业韧性比喻成个体、团队、企业、社会、商业/生态系统或子系统在任何空间或时间维度上遭遇逆境后的反弹或恢复的经历。比较两位学者对创业韧性的概念，前者从创业者个人的角度来界定，后者扩大了研究主体的范围，并导入了时间或空间的维度，拓展了概念的内涵。

然而，这两种界定都存在一定的局限性。一方面，它们未明确创业韧性产生所需的特有条件。韧性发生在重大变化、逆境或风险（Lee & Cranford，2008）的条件下和挑战性或威胁性的环境中（Masten et al.，1990），既包括个体在学习、工作和生活中所遭遇的创伤及挫折，也包括自然环境和社会经济条件的变化。而创业韧性的产生却源于创业者新创企业内外环境的变化。因此，布昂（Buang，2012）将创业韧性总结为：（1）处理企业环境所面临的高水平的、持续性的、干扰性变化的能力；（2）在各种企业问题的压力下保持健康和精力的能力；（3）利用可接受的方法从企业挫折中反弹；（4）当一种方法行不通时，进行改变并利用新方法来运营和管理企业的能力。另一方面，它们未凸显创业活动的特点，未明确反映创业韧性和韧性概念的区别。有学者提出，与其他经济活动相比，创业活动具有更多的不确定性和风险，因此，创业者比非创业者有着更高的逆境指数（Baron & Markman，2000）。鉴于此，阿沃托耶和辛格（Awotoye & Singh，2017）提出，创业韧性是一种在面对逆境和意想不到的结果时，克服强大的创业挑战并坚持创业过程的能力。

综上所述，在界定创业韧性时，需要考虑以下四点：（1）情境性，创业韧性必须是与创业有关，发生在创业过程中，直接或间接作用于创业成败与坚守，否则将难以区分其在不同领域的内涵与外延。（2）由创业引发的变化、逆境和干扰，这是创业韧性发生和发展的前提条件。（3）创业韧性的体现，不仅只在于坚持原初的创业理念与创业行为，也反映在根据创业情境情势的变化，合理化创业目标，既包括坚持，也包括放弃和优化。（4）创业韧性是创业者的一种能力，也是一个动态发展的过程，既可以增强，也会减弱。本书通过梳理相关文献，将创业韧性定义为创业者在充满不确定性的创业过程中，面临困难、压力、挑战、危险、失败等不利情境下，仍能通过自我调节和外界帮助展现良好的适应能力，恢复至原先的状态甚至超越自我，从而获得可持续性发展与成长的能力。

2.3.2　创业韧性的结构

关于创业韧性的构成，主要存在五维度论、三维度论和两维度论，并且学者们在维度命名和构成上未达成共识。

康纳和戴维森（Conner & Davidson，2003）以格伦等（Glenn et al.，1990）提出的韧性模型为理论基础，在前人对意志力（Kobasa，1979）、行为导向、强烈的自尊或自信、适应力、幽默等（Rutter，1985）、耐性（Lyons，

1991）及信念等韧性特征研究成果的基础上，提出了五维度的创业韧性结构观点，认为创业韧性包括：（1）个人能力、高标准和毅力；（2）自信、忍受消极影响和抗压力；（3）积极接受变化、稳定的人际关系；（4）控制；（5）精神感化。这五个因素与赫德纳等（Hedner et al.，2011）以及海沃德等（Hayward et al.，2010）对创业韧性的描述是一致的。

余和张（Yu & Zhang，2007）、曼扎诺加西亚和阿亚拉（Manzanogarcía & Ayala，2012）等学者对上述五维结构进行了检验，肯定了韧性（坚韧）和乐观（自信）是韧性概念的重要组成部分。由于东方人对特定物理和社会环境的适应方式与西方人存在不同，余和张（2007）以中国境内的工人、农民、教师、企业家、退休人员和大学生等为调查对象，研究得出中国情境下韧性的三因素结构维度：（1）韧性，主要描述个体的镇定、敏捷、毅力和控制感；（2）能力，重点关注个体在经历挫折后恢复和自强的能力；（3）乐观，测量积极的心理和抵制逆境事件的自信。不同于康纳和戴维森（2003）、余和张（2007）以一般人群为调查对象，曼扎诺加西亚和阿亚拉（2012）通过对783名西班牙创业者的调查分析，得出创业韧性的三个维度：（1）坚韧（hardiness）；（2）机智（resourcefulness）；（3）乐观（optimism）。虽然与余和张（2007）得出的结论基本相似，但后者的第二个维度却更强调创业者的应变能力。这主要是因为与其他行为相比，创业者在创业行为过程中面临的大多是变化和不确定性，因此，应变能力是决定其能否生存并获得发展的重要因素。布昂（Buang，2012）在《创业者韧性测量》一书中也提出了结构内容截然不同于以往的新创业者韧性三维度，具体包括：（1）自我（self）；（2）企业情境认知能力（business situational-cognitive abilities）；（3）企业社会关系能力（business social-relational abilities）。各子结构所包含的具体维度如图2-7所示。

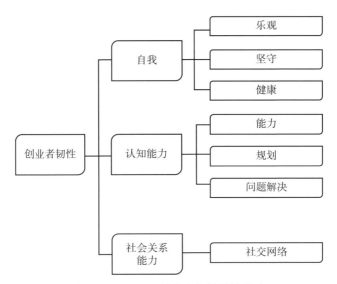

图 2 - 7　Buang 创业者韧性结构维度

资料来源: Buang, N. A. Entrepreneurs' resilience measurement//Entrepreneurship-Born, Made and Educated. InTech, 2012.

此外，坎贝尔 - 希尔斯和斯坦因（Campbell-Sills & Stein，2007）将韧性的五因素结构进一步提炼为单因素结构。费希尔等（Fisher et al.，2016）基于 415 位创业者的韧性研究，进一步验证了创业韧性的上述结构，并明确创业韧性包括创业者能适应变化、应对所发生的任何事情、应对压力使自身感到有力量、在生病或遇到困难后会恢复过来、在压力下注意力能集中并清晰思考等题项。

2.3.3　创业韧性的测量

研究者们在如何测量创业韧性上迄今也未能达成一致，下面介绍三种最常用的创业韧性测量量表。

2.3.3.1　CD-RISC 量表及其修订版

CD-RISC 量表是由康纳和戴维森（2003）提出的，包括 25 个条目，分别从个人能力、自信、积极接受变化、控制和精神感化五个方面来测量创业韧性，各包含 8 个、7 个、5 个、3 个、2 个条目。该量表使用李克特五点量表进行评分，0 代表完全不同意，4 代表完全同意。总得分为 0～100 分，得分越高表现出的韧性越大。整个量表的内部一致性系数为 0.89，具有较高的信度。研究者还对部分被试进行了再测试，测试—再测试相关系数为 0.87，表明量表结果的稳定性较好。量表的建构效度也通过聚合效度和区分效度的评估得到了验证。尽管 CD-RISC 量表虽为测量（心理）韧性的量表之一，但它为测量创业韧性奠定了基础。因为该量表的研究样本中包含患有广泛性焦虑症（GAD）和创伤后压力心理障碍症（PTSD）的个体，这两种症状在创业过程中和创业失败后的创业者身上常有明显表现。随后，部分学者结合不同的文化情境、不同的职业对 CD-RISC 五因素量表进行验证。

余和张（2007）、曼扎诺加西亚和阿亚拉（2012）先后在 CD-RISC 五因素量表的基础上提出了 CD-RISC 三因素量表。余和张（2007）提出中国版的 CD-RISC 三因素量表仍然包括 25 个条目，韧性、力量和乐观三个因素分别包含 13 个、8 个、4 个条目。整个量表的信度系数为 0.91，三个因素的内部一致性系数分别为 0.88、0.80 和 0.60。曼扎诺加西亚和阿亚拉（2012）调整后的三因素量表总共有 23 个条目（剔除了两个因素负荷低于 0.3 的条目），坚韧、机智和乐观分别包含 9 个、7 个、7 个条目。整个量表的内部一致性系数为 0.89，三个因素的内部一致性系数分别为 0.88、0.87 和 0.81，平均方差提取值（AVE）分别为 0.57、0.60 和 0.52，说明该量表具有较高的一致性和区分效度。对比这两个三因素量表，除条目数量不同外，每个维度所包含的条目也不尽相同。例如在韧性（坚韧）维度上，有 7 个条目是两者共有的，但前者的这一维度还包括"有时，命运或上帝能帮忙""过去的成功让我有信心面对挑战""无论结果怎样，我都会尽自己最大努力""我能实现自己的目标""我不会因失败而气馁""经历艰难或疾病后，我往往会很快恢复"6 个条目，而后者却包含"我努力工作以达到目标"和"在压力下，我能够集中注意力并清晰思考"2 个条目。

与上述两位学者一样，坎贝尔 - 希尔斯和斯坦因（Campbell-Sills & Stein，2007）也对 CD-RISC 量表进行了验证。他们将 1743 个大学生的问卷调查结果随机分成 3 个子样本的数据，利用 EFA 和 CFA 对 CD-RISC 五因素量表进行一系列的验证和修改，产生了一个单维度量表。整个量表包含 10 个条目，量表的内部一致性系数为 0.85，具有良好的内部一致性和建构效度，而且该量表也显示了良好的心理学测量特性，能够有效地测量韧性。

2.3.3.2 Buang 三因素量表

尽管 CD-RISC 各因素量表广泛运用于韧性（包括创业韧性）的测量中，但该量表并非是针对创业者特定的心理活动及特点来构建的。因此，基于巴伦等（Baron et al.，2007）所提出的成功创业商业模型，布昂（Buang，2012）对 20 位创办企业 3 ~ 5 年的新创业者进行了访谈。他以输入—过程—输出模型为基本框架，根据这些新创业者就其自己企业在面临困境时如何使用韧性力量（resilience strength）的描述，建构了创业者韧性的三因素量表。最初的量表包含 204 个条目，后经一系列标准化检验过程，最后保留了 42 个分属乐观（optimistic，O）、坚守（perseverance，P）、健康（fitness，F）、能力（competence，C）、规划（formulative，FM）、问题解决（problem solving，PS）和社交网络（social networking，SN）等七个子维度的正向陈述条目用于创业韧性的评测，并建议将该工具用于新创企业 1 ~ 3 年的创业者。从量表开发的过程来看，布昂（2012）对每一维度的命名缺乏清晰的依据，且量表仅采用了探索性因子分析进行结构效度检验，因而该工具的适用性存疑。

2.3.3.3　Sinclair 和 Wallston BRCS 量表

为捕捉用一种高度适应的方式来应对压力的倾向，辛克莱和沃林斯顿（Sinclair & Wallston，2004）提出了简易韧性应对量表（brief resilient coping scale）。这是一个单维度量表，总共有 4 个条目（包括"我寻求创造性的方法来改变困境""我相信我能通过处理困难的情况以积极成长""不管发生什么，我相信我能控制自己的反应"和"我积极寻找方法来弥补生活中遭遇的损失"）。量表采用李克特五点量表进行评分，1 代表完全不正确，5 代表完全正确。整个量表的内部一致性系数为 0.69，再测信度、建构效度和预测效度都得到了验证。其他学者采用该量表进行量化研究时，量表的内部一致性系数也在 0.60～0.82，CR 值在 0.71～0.88，反映了该量表良好的内部一致性。

2.3.4　创业韧性的影响因素

2.3.4.1　个人内部因素

个体特质包括自我效能、乐观主义、坚韧、希望和灵活性（De Vries & Shields，2006；Hmieleski et al.，2015；Jeffrey et al.，2012）。自我效能感是人们对自身能否利用所拥有的技能去完成某项工作行为的自信程度（Bandura，2015），它可以使创业者相信自身的能力，即使在经历失败后也会预期积极的结果，从而快速地恢复（Jeffrey et al.，2012；程族桁等，2017）。乐观者善于感知美好的未来，而且会积极归因（Hmieleski et al.，2016）。坚韧可以推动创业者在遭遇挫折或逆境后仍能砥砺前行（Markman et al.，2005）。希望重新开始并创造价值也有利于创业者从过去的经历中恢复过来（Scherer et al.，2015）。这些因素都是心理资本的基本维度，与创业成功显著正相关（Baron et al.，2016；Hmieleski et al.，2015）。灵活性是一种创业者在面对企业内外环境变化时能够快速调整和适应的能力，这种适应力对创业韧性有正向解释力（Jeffrey et al.，2012）。高情商创业者能有效地缓解压力，面对障碍时在情绪上更具韧性，还能在激励和领导员工、帮助员工应对工作压力方面更成功（Humphrey，2013）。此外，对负面情绪的容忍（Doern，2016）、知识获取（唐静等，2016）和创业者的性别（Jenniffer & Rayini，2013；Simmons et al.，2019）、种族（Lugo & Shelton，2017）等都会影响创业韧性。

除了上述个人特质，动机也被认为是影响个体行为的重要因素。具体来说，有强烈动机的个体会自主追求其感兴趣的东西，即使在无人认可或支持的情况下，仍能专注、长期地坚持下去，以实现自己的目标。与其他创业者相比，这类创业者的韧性更好。有学者通过观察发现，动机可以内在地驱动创业者从失败中反弹，开始另一项业务，并实现更高的增长（Yamakawa et al.，2015）。身份重建是促使失败的创业者重新开始创业的动机之一（Chen，2005），高成就动机也是创业者克服挑战、坚持创业的动力（Sabiu et al.，2017）。

大量学者研究发现，创业者的能力、受教育水平、先前的创业经历等对创业韧性的形成和提升发挥着不同的作用。人力资本较高的创业者在遭遇逆境时，基于自身知识和经验的判断能形成正确的认知并找到解决方法，因而能够更快地从逆境中得到恢复并坚持创业（芮正云和方聪龙，2017；Williams & Shepherd，2016）。此处，创业者的能力主要指创业者应对逆境的能力，包括自省能力、学习能力和谋划能力等。这些能力有利于促进个体对自身能力的重新认识，从而从创业失败中进行学习、获取知识，捕捉和利用新的创业机会连续创业（Chen，2005；唐静等，2016）。受教育水平越高的创业者，拥有的社会关系越强，可得到的支持和帮助越多，其创业韧性越高（Sun et al.，2011；Simmons et al.，2018）。而且，受过高层次教育的创业者，能更好地将自己的知识和技能应用到企业管理中，从而带来更高的经营绩效（王晓文等，2012）。先前的创业经历也是影响创业者从失败中反弹、取得创业成功的关键因素（Sun et al. , 2011；Ayalaa & Manzanob，2014；Williams & Shepherd，2016；Branicki et al. , 2017）。无论过去的创业经历是否成功，创业者对企业运营的复杂性和挑战性都有一个更深刻的了解，从而以一个更积极的态度来面对失败，吸取经验教训，习得创业成功所需要的技能。

2.3.4.2　人际关系因素

正式支持关系主要是指创业者与员工、合作者和其他专业群体的关系，具体表现在：即使雇主失败破产，员工对他们也不离不弃。这种类似"朋友"的雇佣关系，激励着雇主继续创业（Scherer et al. , 2015）。合作者包括股东、供应商或销售商。股东不仅可以在企业处于开创或危险阶段持续地投入资金和其他资源，而且能够基于自身的经验和技能提出专业的运营建议（Bocken，2015）。对供应商承担失败债务的责任也能促使失败的创业者重新创业（Chen，2005）。此外，诸如创业咨询公司或行业协会也能帮助创业者获取一些关键的、有价值的信息（Khelil，2016）。

2.3.5　创业韧性的结果效应

作为一种能力和动态发展变化的过程，创业韧性对个体和组织都将产生一定的影响。

2.3.5.1　个体层面

（1）决定创业意向。

如前所述，韧性通常被看作自我效能或乐观主义的综合体，有抱负的创业者相信自己有能力应对充满压力的环境，从而更可能去开创新企业。因此，个体内在的创业韧性能够解释为什么有些人开始创业而其他人不行。布洛等（Bullough et al. , 2014）考察了在逆境条件下危险感知、创业自我效能、韧性和创业意向之间的关系，得出韧性正向影响创业意向，并对创业自我效能与创业意向关系起调节作用。蒙洛尔和墨菲（Monllor & Murphy，2017）把韧性比作盾牌，它能保护创业者免受创业失败的负面影响，从而提升创业意向。

（2）应对创业失败。

创业者在创业失败后，韧性的作用主要体现在三个方面，即对逆境的诠释、应对逆境的能力以及恢复过程（唐静等，2016）。因此，有韧性的个体能快速有效地从充满压力的经历中得到反弹（Stefen & Rod，2017）。可以说，创业韧性代表着创业个体在遭遇失败后仍能坚持不懈、坚韧不拔或重新再创业的能力（Stefen & Rod，2017）。海沃德等（Hayward et al.，2010）也认为，越自信的创业者越具有韧性，从而更可能在经历失败后形成后续的风险投资。唐静等（2016）以大学生为研究对象，利用质化分析构建了韧性—知识获取模型来解释大学生创业失败后创业韧性影响知识获取进而影响连续创业的机理。

（3）预测创业成功。

具有韧性的创业者不仅能够克服竞争日益激烈、环境快速变化所带来的挑战，为成功做好准备，而且能够在有风险、变化和逆境的情况下，准确地识别和挖掘创业机会，确定创业目标并最终实现目标。费希尔等（Fisher et al.，2014，2016）发现，创业者比其他人群更有韧性，而且个体层面的韧性显著影响创业热情进而影响创业成功。除了创业者的个体韧性，创业成功还与创业类型有关。资源型企业比那些风险型或知识型企业更容易成功，更能实现长期的可持续发展（Sun et al.，2011）。

2.3.5.2　组织层面

（1）影响组织绩效。

企业在经营过程中往往会遭遇经济衰退、竞争环境恶化、缺乏资本、错误决策和知识产权等事件而走向破产或创业失败，创业韧性在创业者应对这些高强度挑战、维持企业的生存和发展中发挥着重要作用。阿沃托耶和辛格（Awotoye & Singh，2017）基于创业认知过程的分析，提出命题：创业韧性能够调节高强度挑战和企业绩效之间的关系。对于创业韧性和企业绩效之间的关系，郭骁（2011）认为，从创业机会的识别、评估到创业行为，最后转化为企业绩效，创业者韧性能力中的坚持与执着至关重要。他通过数据分析发现，创业韧性对创新性创业机会和企业绩效之间的正向关系起部分调节作用。

（2）解释企业成功。

有的学者认为，韧性既然是维持企业经营能力的关键因素，那么更有韧性的创业者将来会更成功的假设是符合逻辑的（Hayward et al.，2010）。阿亚拉和曼扎诺（Ayala & Manzano，2014）证实了这一假设。如前所述，创业韧性包含毅力、机智和乐观三个维度，他们发现，这三个维度和企业成功（增长）显著正相关；性别对这三个维度和企业增长的关系起调节作用。法托基（Fatoki，2018）发现，创业韧性不仅能预测创业者个体的成功，而且对中小型企业的成功也有显著的积极影响。

2.4 文献评述

2.4.1 研究趋势分析

2.4.1.1 职业韧性研究趋势

第一，需要从动态的、联系的视角深入地研究职业韧性。

职业韧性的研究主题主要集中在职业韧性的形成机制、后效结果、干预培养方法等方面。对于职业韧性形成机制的探讨主要包括三种视角：（1）认为韧性的形成在于某些个体具有特殊的人格特质，使其不被逆境击倒。这种视角认为韧性就是具有某些人格特质，测量职业韧性就是测量某些人格特质，许多职业韧性量表基于此种假设编制而成。（2）韧性的形成是某些特殊人格特质和环境中的保护因素相互作用的结果，伦敦（1983）的职业动机理论引起有关职业韧性的研究基本上都持此视角。（3）韧性的形成是韧性人格特征、保护性的环境因素、个体的应对机制交互作用的结果。第一种特质论视角的研究者往往会采取被试为中心的研究设计，从现象学的角度来揭示高职业韧性者的品质特征，抓住了职业韧性的最重要因素，无疑具有重要意义。然而这是一种静态的、孤立的视角，会导致研究者忽视职业韧性的复杂性和动态性。第二种视角来自职业动机研究，是一种简单的过程视角。第三种视角来自后期的韧性研究，是一种复杂的过程视角。后两种过程论研究者从过程的视角讨论职业韧性获取的过程，揭示从平衡破裂到重新整合的韧性过程。过程视角会促使研究采用变量中心的设计来探讨职业韧性形成中个体品质与环境因素的动态交互作用。因此，本书研究认为这种动态的、联系的视角更利于职业韧性研究的深入。

第二，需要加强职业韧性概念特殊性的研究与探讨。

不但要重视职业韧性与韧性的共性，更要重视职业这一范畴的特殊性；不但要从人格特质及生物学基础方面给予界定，还要考虑外部环境的影响；动态地看待职业韧性的发展，并探讨可能包含的其他因素和结构，以及职业韧性与其他心理概念和职业理论关系的研究，例如与职业自我效能的关系、与职业逆境等的研究。

第三，需要将职业韧性视为独立概念的理论研究。

亟须更多地将职业韧性概念作为一个独立的概念进行研究，从不同角度明确其结构与特征。同时，设计完善标准的测量工具。职业韧性的测量应对心理特性给予重视，从认知、情感、行为、价值等方面去测量，开发出一套高信度、高效度、操作简便的测量工具。另外，还要注重开展实证研究。任何研究如果只是停留在理论层面就失去了指导现实的意义。因此必须开展实证研究，将理论联系实际，解决现实中的问题。

第四，需要扩大职业韧性的研究领域。

伦敦（1983）建议由于职业韧性具有多维度因素，这些维度不一定包括个人特征的所有方面，进一步的研究应该确定具体的维度和确定的领域。还需要加强纵向研究，更多关注职业韧性的形成机制、动态发展的过程和影响因素以及与人力资源管理相关的一些实证研究。同时，重视生物学影响因素。人的心理与生物因素不可分割，未来的研究要重视生理、心理和社会的交互作用。目前国外已经有实验证实基因对于个人韧性的重要作用，未来可以采用核磁共振（NMR）、脑电图（EEG）等先进仪器为研究职业韧性提供更加全面和科学的研究资料。

第五，实施职业韧性干预研究。

需要促使现有的职业韧性干预手段在实践中不断完善，根据不断发展的理论结构开发更多的干预工具，以及根据对干预结果的研究因果关系，发现和研究更为有效的干预手段。

2.4.1.2 创业韧性研究趋势

第一，创业韧性的概念需要进一步深化。

理论界对创业韧性未提出一个统一的概念。有些学者虽结合创业活动的特点对创业韧性进行了界定，却未明确地包含创业行为活动和思维模式的相关特点（Korber & McNaughton，2017）。学者们对这个概念进行界定时缺乏相应的理论基础，其结构维度也未形成统一的意见。大量学者更关注创业韧性的效应，而对于创业韧性形成的研究则相对缺乏。另外，学者们主要关注创业韧性所带来的积极效应，对其消极效应的研究则处于空白。创业韧性效应的研究内容方面，创业韧性发挥调节作用的成果较丰富，而关于其如何影响个人和企业层面的创业绩效和成功的作用机理的研究却不多。

第二，有关创业韧性的测量工具亟待完善。

虽然心理学领域的韧性量表经过多年发展已趋于成熟，具有较好的信度和效度，但创业韧性研究较晚，缺乏适用于创业者群体的量表（Lee & Wang，2017）。未来研究需要结合创业失败情境，开发适合的测量量表为实证研究打下基础。可以在韧性的层次模型范式下（Hunter & Chandler，1999），结合情境的特殊性，开发在失败打击下具有不同复原力强度的创业韧性量表，诠释高、中、低层面创业韧性的结构。也可以抓住韧性在不确定情境下恢复、应对和超越能力层次的特点（王鉴忠等，2015；郝喜玲等，2018），进行创业韧性多维度量表开发。

第三，未来研究也需要考虑创业韧性研究方法的多样化。

为了失败情境下创业韧性概念的刻画和细分，进一步探究韧性对创业者决策和后续活动的作用机制，未来研究可以采用如一手调查数据、实验法和案例访谈等方法，同时也要思考时间因素的作用，进行纵向追踪研究，多渠道获取数据，探索创业韧性的时间变化规律。

2.4.2 以往研究不足

通过梳理和分析相关文献可知，以往学者对职业韧性、创业韧性的概念、结构、测量、影响因素和结果效应方面进行了积极探索，并且获得了较为丰富的研究成果。但是，仍然存在一些不足之处，有待后续研究不断完善和深化。

就以往职业韧性研究而言，存在以下不足之处。

（1）大多数职业韧性的量化研究仍停留在验证伦敦（1983）的职业动机模型，把职业韧性视为职业动机的一个成分，只是新近才把职业韧性作为一个独立的概念进行研究。这使得职业韧性的量化研究与职业动机研究结合在一起，在理论解释上也很难与职业动机分开。

（2）职业韧性的内部结构尚未达成共识，各学者提出的结构有较大差异。职业韧性的内部结构不明确对于职业韧性测量工具的开发，职业韧性与相关职业概念关系之探讨，以及职业韧性的培养都有不利影响。

（3）在职业韧性的干预和培养方面，尽管有较多的实践，但在培训的学理研究与效果分析上仅有一些粗略的观点，尚缺乏实证研究和深入的学理分析。

（4）既有研究大多采用定量研究方法，质性研究非常少，而质性研究却有利于揭开研究对象的全貌，从整体和全局视角探索逻辑链。同时，现有研究为横断面数据，纵向研究和实验研究还很不足。

就以往创业韧性研究而言，存在以下不足之处。

（1）目前尚缺乏创业韧性影响因素的本土化实证研究。中国是集体主义文化取向高的国家，人际因素中"赢得家人和朋友的支持"以共同应对创业困境，从表面上看这既是集体主义应对方式（创业韧性结构成分），也是创业韧性的重要影响因素，选择这些特殊点进行重点分析，使之成为"撬动"创业韧性结构成分与影响因素界限的"杠杆点"。中国宏观环境对创业的支持力度大，与西方社会存在差异，建议细致区分情境因素（尤其是政策相关的）、个人因素以及人际因素对于创业韧性的影响权重；同时，在实证分析中，把握各因素之间的相互作用，测算各种因素对于创业韧性的促进和抑制的"临界点"，这样有助于把握这些因素之间的"度"，更好地平衡这些因素对于创业韧性的作用效果。

（2）缺乏统一的概念和创业韧性测量量表。现有实证研究使用的量表以CD-RISC 为主，尽管效度信度很高，但这是一般韧性量表，未来研究可以以此为基础，结合创业情境和创业者的特点，运用质性方法和量化方法尝试开发创业韧性量表。例如，可以基于扎根理论来进行研究，研究对象可以选择三类，即创业顺利成功者、创业失败并放弃者以及经历创业逆境东山再起者。通过深度访谈，结合创业经济风险、社会风险、时间风险、健康风险和个人风险等方面，了解管理创业压力的方式、策略及有效性等；同时，结合文献研究以及开放式问卷调查等多种手段收集创业韧性行为事件的陈述句,通过译码形成测量条目,从中挖掘有效管理创业压力需要具备的个体素质特征,形成初始量表;再对创业者进行数据调查,进行信效度分析以及验证性因素分析,注意比较分析三类创业者的创业韧性区分度,这也是对创业韧性结构的验证;同时将量表与 CD-RISC 进行比较验证其并存效度,分析对创业成功、创业压力的影响来验证其预测效度。

2.5 本章小结

本章首先回顾了心理韧性的概念、理论模型和测量,从而厘清了心理韧性的实质内涵。其次,对职业韧性的概念、结构模型、测量、影响因素和结果效应进行了回顾和分析。再其次,从概念、结构、测量、影响因素和结果效应五个方面对创业韧性进行了归纳和梳理。最后,进一步梳理、归纳、总结了有关职业韧性和创业韧性的现有研究成果,指出了以往研究的不足和未来可能的研究方向。

| 第3章 |

新生代员工职业韧性形成机制的质性研究

本章内容分为六个部分：第一部分对质性研究中新生代员工、职业韧性相关概念做出界定，并且选择符合本书研究目的的企业并介绍调研企业概况。第二部分从自我调适能力、自我挑战能力、自我职业规划能力、自我独立能力和自我效能五个方面介绍新生代员工职业韧性现状。第三部分和第四部分通过典型企业的问卷调研，运用访谈法对新生代员工职业韧性的影响因素进行分析。第五部分对上述影响因素中的重要维度领导方式进行深入挖掘，运用案例研究法分析职业韧性的新内涵、以及包容性领导如何塑造新生代员工的职业韧性。第六部分，对本章做出小结。

3.1 概念界定与调研企业选择

3.1.1 概念界定

3.1.1.1 职业韧性概念界定

结合以前学者们对于职业韧性的探索，本书认为，职业韧性是一种长期的、动态的、复杂的形成过程，需要从个体特性、保护性环境因素以及个体应对机制三个方面的复杂过程视角去探究。基于此，本书将职业韧性定义为：个体在不确定和不利的职业发展过程中，通过自我心理调节和良好的应变能力，可以恢复甚至超越原先的状态，获得可持续发展与成长的能力。

3.1.1.2 新生代员工概念界定

遵循本书认同职业韧性是一个动态的、逐步变化过程的观点，同时按照生命周期视角将个体的职业生涯按照年龄划分为尝试期（30 岁及以下）、稳固期（31~45 岁）和维持期（46 岁及以上）。因此，本书中的新生代员工是指"90 后"员工，即出生于 1990 年 1 月 1 日以后并已经步入职场的年轻员工。本书着重研究位于上述尝试期的"90 后"员工的职业韧性，精准聚焦此群体以生存为核心目标、以能力为核心职业匹配要素的阶段性特征，也更适合心理韧性的动态互动视角。

在工作场所中，"90 后"员工的特点如图 3-1 所示。

图 3 – 1   "90 后"员工特点

"90 后"员工特点具体如下：

（1）喜欢挑战、不善妥协。"90 后"员工愿意承担富有挑战性、具有创新性、拥有自主性，能够体现价值、发挥才能、激发潜力的工作。如果长期循规蹈矩地做着重复性较强的工作，会使其产生厌倦感。他们喜欢独当一面、愿意承担责任、敢于直面困难，但是情绪控制能力不足，不善于妥协忍让，团队合作能力也较弱。

（2）渴望认可、藐视权威。"90 后"员工希望依靠自己的实力和业绩得到组织、领导和同事们的认可，褒奖和荣誉会对其产生很大的激励作用，但是如果成绩没有被肯定或在职场中遇到一些挫折，则会变得灰心丧气、自由散漫，甚至直接放弃。他们崇拜偶像，但是藐视权威，不会无条件地尊重和服从上级与前辈；愿意依靠努力工作来实现自我价值，但不愿意因为工作而放弃休闲娱乐和接受教育。

（3）多方尝试、寻求"升机"。"90后"员工渴望拥有丰富阅历，接触更多人群，尝试不同职业。因此，他们对企业甚至对职业的忠诚度较低，更加看重自身能力素质能否得到锻炼和提高，以赢得更多的职业发展机会和职业选择实力。

（4）情绪调节能力差。实际工作中，"90后"员工情绪不稳定，心态浮躁，调节能力较差，面对客户纠缠、辱骂等情况时易出现发怒、委屈、哭泣等负性情绪和行为，进而产生受挫感和自我否定，甚至导致离职等行为。

（5）学习能力强、可塑性好。不可否认，"90后"员工对企业而言具有重要的意义，为企业补充新鲜血液，是职场的未来。这些优点使其能够快速接受业务与企业文化，能对现有的工作、管理提出个人的思考和创新。

（6）抗压能力差、要求自由公平。"90后"员工不太能吃苦，容易放弃，且缺乏职业规划，在面对困难时更容易引起冲动性的行为。而他们对物质欲望较低，不在乎工资，但对自由公平等的需求又比较高，这对传统的管理方式提出了许多挑战。

（7）E化沟通、忽视人际。"90后"员工具有丰富的科技文化知识和较高的技术应用水平，对于新技术、新工具、新思路、新做法比较敏感，掌握较快，但对于需要反复操作和长期积累才能形成的技能掌握起来较为困难。他们与人相处较为直接，容易忽视人际关系的处理，如果不借助工具（计算机、手机）与人面对面地倾听和沟通的能力不足，与现实社会中不同人群打交道的能力较弱。

（8）喜欢机制灵活的工作。"90后"员工喜欢展示才华、积累技能和经验的机会，并能平衡好自己的工作和生活。喜欢采取多种方式来拓展工作内容、提高技能要求、增加工作多样性和挑战性，并以此使其能够拓宽职业视野，积累更多工作经验和技能，提高团队协作能力和适应角色的能力。

3.1.1.3 理论基础

职业韧性部分的研究遵循伦敦和诺埃（1997）的职业动机理论，该理论认为，职业动机是引起并维持个体关于职业规划、行为及决策的力量，由职业韧性、洞察力和认同三个维度构成。其中，职业认同为职业动机指定方向，职业洞察力起到激发和唤醒作用，职业韧性则起到维持作用。

该理论假设个体的职业韧性由三个维度构成，分别是自我效能、冒险、依赖性。其中，自我效能维度包括个体特有的自尊、自律、适应力、内控性、成就需要、主动性、创造性、内在工作标准和发展定向。冒险维度包含冒险倾向、失败恐惧、安全需要、不确定性和模糊性的容忍度。依赖性维度包括职业依赖性和对上司或同事的认可需要。

个体的职业韧性、环境、职业决定和行为三者之间存在未来式关系和回溯式关系。环境中的正强化、组织的改变、鼓励自主性、对学习和技能开发的支持、建设性的绩效反馈、对创造力的支持、对品质的要求等因素会影响职业韧性的成长。不过职业韧性在个体的职业发展过程中较不易发展，工作者应在进入成年期前培养职业韧性，将有助于其职业成功。

3.1.2 调研企业选择

2020年，突如其来的新冠疫情给我国餐饮业带来了巨大的冲击，行业整体跌幅超过15%。根据中国饭店协会调查数据显示，仅2020年1~2月，餐饮业注销企业已达1.3万家，50%以上的餐饮企业关闭20%~80%的门店，3%的餐饮企业完全退出行业（见图3-2）。即便一些大规模的连锁餐饮企业也面临着巨大的经营压力，中国连锁经营协会发布的《新冠肺炎疫情对中国连锁餐饮行业的影响调研报告》显示，根据企业报送数值的金额计算，2020年1月样本企业各类损失总金额占2019年年销售额的比重达4.3%，2月各类损失金额占 2019 年年销售额的比重达 5.6%。在新冠疫情期间，XCN 公司却逆势发展，从 2020 年到 2022 年 3 月，陆续在南京新开了 14 家门店，在北京成功开店 2 家，多家门店登上大众点评好评榜 TOP3。面对疫情的压力和挑战，XCN 公司的解决方案是通过打造地标级文化主题店，重塑品牌价值，链接年轻客群。主题店开业后，客单价提升 35%，吸引了大量年轻人前往打卡，三个月时间就"霸榜"大众点评，成为南京时尚餐饮新标杆。课题小组通过两年多的跟踪研究发现，在疫情的压力之下，XCN 公司却展现出很强的韧性。

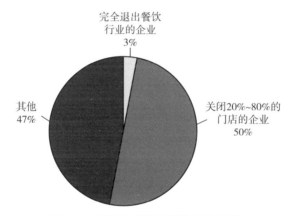

图 3 - 2　2020 年疫情对餐饮行业的影响

资料来源：中国饭店协会。

　　从连锁餐饮从业人员的年龄分布情况来看，现从业人员年龄层次普遍在 20 ~ 24 岁，占比达到 32.8%。随着年龄的增加，占比逐渐减少，40 岁以上的从业人员仅占总人数的 1.6%。"90 后"员工占整个连锁餐饮从业人员总数的一半以上，达到 60.7%，"90 后"员工已成为连锁餐饮行业的主要从业人员（见图 3 -3）。因此，从企业员工的年龄分布来看，XCN 公司的员工分布与本书研究需要的样本非常契合。

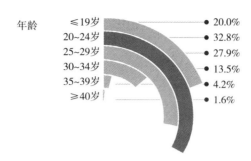

年龄

≤19岁 ● 20.0%
20~24岁 ● 32.8%
25~29岁 ● 27.9%
30~34岁 ● 13.5%
35~39岁 ● 4.2%
≥40岁 ● 1.6%

图 3-3 2022 年连锁餐饮从业人员年龄分布情况

资料来源：根据国家统计局、前瞻产业研究院数据整理。

最后，通过进一步深入调研发现，XCN 公司留住并培养了一批勤奋踏实、忠诚敬业的"90 后"员工。在疫情和后疫情时期，这些员工都能积极发扬"为民服务孺子牛、创新发展拓荒牛、艰苦奋斗老黄牛"的"三牛"精神，在面对困难、挑战和诸多不确定因素的情况下，仍能通过自我调节展现良好的职业适应性和顽强奋起、自强不息的精神，坚持用"服务"和"菜品"获得顾客的认可。由此可见，XCN 公司的新生代员工同时也具有很强的职业韧性。

基于上述三个原因，本书研究选取 XCN 公司进行有关新生代员工职业韧性的质性调研。此外，XCN 公司作为校企合作企业，研究人员能够较为便利地获得与研究样本进行深度访谈的机会，从而有利于获得高质量的质性数据。

3.1.3 调研企业概况

3.1.3.1 XCN 公司概况

XCN 公司系专业、专注淮扬菜饮食及其管理的大型连锁餐饮企业。公司成立于 1997 年，自 2000 年开始正式经营中餐，专注于淮扬菜事业，目前以

"淮扬菜"为主营品牌,同时拥有以"厨娘.cn"为代表的时尚商超餐饮品牌、以"青龙山庄"为代表的生态度假酒店品牌,以及服务于企事业单位后勤为主的团膳管理公司等四大子公司;共有门店和经营点 35 家,员工 4000 余人。公司集团化、连锁化管理,拥有配套的现代种植养殖基地、食品加工中心、物流配送中心、谦之德文化培训学院等机构,形成了独特的"一专多能"的发展模式。

1997 年 3 月 15 日,XCN 公司首家创始店在南京上元大街开业,也标志着公司成立。2001 年 12 月 2 日,东山步行街宴宾楼开业,成为当时南京江宁地区有影响力的高档酒楼,也是 XCN 公司发展的摇篮。2004 年 5 月 28 日,青龙山庄开业,这是集餐饮、客房、会议、休闲娱乐为一体的花园酒店,也是公司集团化的新起点;同年 11 月 17 日,XCN 公司川菜馆开业,开创了当时江宁人的新川菜生活。2005 年 12 月 17 日,XCN 公司精菜馆开业,一跃成为当时江宁片区有影响力的高端餐饮门店。2007 年 8 月,XCN 公司开始全面实施五常管理;随后 10 月成立 XCN 集团总部,这象征着公司向集团化、标准化发展迈出了有力的一步。2008 年,中央厨房建立,总仓成立,标志着公司向现代化食材供应链管理探索更深一步。2009 年 9 月 1 日,XCN 公司 800 亩生态种养殖基地——东郊牧歌开始种植养殖,至此管控了食材源头,保证品质和安全;10 月 XCN 公司中央厨房全面实施冷菜、面点、卤汁等多品种配送,为公司标准出品、走可复制化发展打了前阵;12 月 18 日 XCN 公司醉江南成立,江南一隅,留住老味道,同时该店是中国淮扬菜研究和传承基地,全国仅 100 家。2010 年 7 月 28 日百家宴重新装修,以南京传统民俗为主题,倾力打造老百姓的幸福生活。2011 年 4 月 XCN 公司企业文化新版面世,全员开始学习;5 月厨娘.cn 成立,这是 XCN 公司第一家时尚餐厅,以时尚、现代、小资为特点让人眼前一亮,而厨娘.cn 的成立预示着公司已经吹响了"走可复制化发展"的号角;9 月麻辣生活龙眠大道店开业,这是 XCN 公司第一家地铁商铺时尚店。2012 年 3 月高淳店开业,经营面积 6000 平方米,投资 2000 多万元, 开启 XCN 公司高淳的发展之路; 3 月 21 日湖滨九号开业, 位于百家湖 1912 街区, 是目前 XCN 公司最高端的餐饮品牌; 同年 7 月 1 日雨发生态园酒店开业, 生态园占地 10000 亩, 酒店经营面积 9000 多平方米, 是集餐饮、会务、客房、体验旅游、休闲娱乐于一体的原生态度假酒店。2014 年 8 月 8 日 XCN 公司与扬州大学战略合作签约授牌, 双方在人才培养、淮扬菜研究等多方面开展深度合作, 扬州大学旅游烹饪学院在 XCN 公司设立"淮扬菜教学实习人才培养基地", 逐步成为"产学研"相结合模式, 同时也推动了淮扬菜的发展。2015 年 5 月 28 日淮扬菜环宇城店开业, 标志着淮扬菜入驻南京主城区, 开业连续 7 天排队, 受到南京市民的追捧。2016 年 4 月 22 日 XCN 公司第一届厨王争霸赛在淮扬菜江宁万达店隆重举办, 45 名大厨, 78 道参赛作品, 200 多名淮扬大师、知名主持人等嘉宾参与, 争霸赛竞争激烈, 是公司历史上最大规模的厨艺比赛; 7 月 28 日 XCN 公司淮扬菜第 12 家门店, 新街口店开业, 标志着淮扬菜进驻南京核心新街口商业圈。2018 年 12 月 28 日随着六合欢乐港店的开业, XCN 公司淮扬菜顺利突破 20 家门店, 标志着淮扬菜成为南京市场突破 20 家门店的中餐正餐连锁品牌。2019 年 4 月 17 日全国首届淮扬菜大师邀请赛在 XCN 公司顺利召开。2020 年 8 月 XCN 公司淮扬菜 (创始店 1997) 重装开业, 并在同月获得"中餐正餐 50 强品牌"的称号; 截至 2020 年 12 月 24 日公司淮扬菜门店突破 30 家, 覆盖南京全区域。

3.1.3.2　XCN 公司金鹰世界店概况

2017 年 11 月 18 日, XCN 公司淮扬菜金鹰世界形象店 (以下简称 XCN 公司金鹰世界店) 开业。相比于"一代店", 在店面设计、用品服务、场景体验等方面沿用了公司一贯的设计风格。门店时尚立体, 用品和服务更有品质, 更重要的是加入了人性化的消费体验, 将顾客服务和用餐体验完美融合在一起。

XCN 公司金鹰世界店位于南京市建邺区商业中心, 交通发达, 地理位置优越，消费人口众多，经济市场强大，有足够的发展空间。套内面积约 1700 平方米，是服务与品质并行的一家形象门店。店内人员组织架构清晰完整（见图 3-4），共有员工编制 59 个，在职员工 91 人，其中"90 后"员工 58 人，约占总员工人数的 63%。

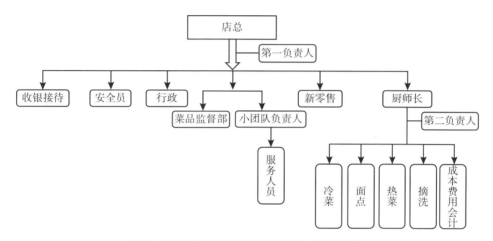

图 3-4　XCN 公司金鹰世界店员工组织架构

3.2　新生代员工职业韧性现状

为了了解 XCN 公司金鹰世界店新生代员工职业韧性的现状，本书采用问卷调查法开展调研。调研采用格瑞泽达（Grzeda）和普瑞斯（Prince）于 1997 年编制的职业韧性量表，该量表具有良好的信度和效度（见附录 1）。在 XCN 公司人力资源总部和金鹰世界店店总的协助下，获取了"90 后"员工的人员名单，并通过面对面的方式发放问卷。研究人员于 2021 年 1 月 12 ~ 15 日在 XCN 公司金鹰世界店，现场共发放问卷 58 份，回收 54 份，其中有效问卷 48 份，问卷有效回收率达到 88.9%。经过问卷调研，XCN 公司金鹰世界店新生代员工的职业韧性主要表现为自我调适、自我挑战、职业规划、独立性和自我效能五个方面。

3.2.1 职业韧性（自我调适能力）现状

本次调查中新生代员工自我调适的具体情况统计见表 3 - 1，表 3 - 1 中展现了 XCN 公司金鹰世界店"90 后"员工在职业韧性中自我调适的能力。此次调查中，64% 的被试认为"我肯下功夫把任务尽可能地完成好"，仅有 25% 的被试认为自己"不符合"。76% 的被试认为"在一个高度情绪化的情境中，我仍能控制我的情绪，把注意力放在需解决的问题上"，12% 的被试认为自己"不符合"。78% 的被试认为"我寻找机会与单位中有影响力的人接触"，11% 的被试认为自己"不符合"。

表 3 - 1　　　　　　　　　新生代员工自我调适能力　　　　　　　　　单位:%

项　　目	符合	不确定	不符合
1. 我肯下功夫把任务尽可能地完成好	64	11	25
2. 在一个高度情绪化的情境中，我仍能控制我的情绪，把注意力放在需解决的问题上	76	12	12
3. 我寻找机会与单位中有影响力的人接触	78	11	11

对于调查对象自我调适情况的统计结果表明，XCN 公司金鹰世界店"90后"员工渴望拥有丰富阅历，接触更多人群，对较大工作压力的恢复、调节能力较强，从而提高了工作效能，拥有一定程度自主自立、主动承担工作责任的能力。在职业发展逆境中、在工作的突发状况中大多数都能积极正向应对，并且对自己的职业生涯规划较为清晰，能够主动调节和规划好自身生涯发展，这些表现大大增加了 XCN 公司金鹰世界店"90 后"员工的留职率，提高了工作满意度和忠诚度，从而更好地帮助其实现自我调节。

3.2.2　职业韧性（自我挑战能力）现状

本次调查中新生代员工自我挑战的具体情况统计见表 3 - 2，表 3 - 2 中展现了 XCN 公司金鹰世界店 "90 后" 员工在职业韧性中自我挑战的能力。在调查中，67% 的被试认为 "我不是个轻易被挫折和失败打倒的人"，仅有 10% 的被试认为自己 "不符合"。69% 的被试认为 "即使在最糟糕的情况下，我也坚信'一切都会好起来的'"，21% 的被试认为自己 "不符合"。60% 的被试 "欢迎工作或组织上的变化"，23% 的被试认为自己 "不符合"。68% 的被试认为 "我探索本领域的发展趋势，并觉察到了一些正在发生的变化"，仅有 19% 的人认为自己 "不符合"。41% 的被试认为 "我愿意冒险（即做结果不确定的事）"，仅有 20% 的被试认为自己 "不符合"。

表 3 - 2	新生代员工自我挑战能力		单位:%
项　　　目	符合	不确定	不符合
1. 我不是个轻易被挫折和失败打倒的人	67	23	10
2. 即使在最糟糕的情况下，我也坚信 "一切都会好起来的"	69	10	21
3. 我欢迎工作或组织上的变化	60	17	23
4. 我探索本领域的发展趋势，并觉察到了一些正在发生的变化	68	13	19
5. 我愿意冒险（即做结果不确定的事）	71	9	20

对于调查对象自我挑战情况的统计结果表明，XCN 公司金鹰世界店 "90 后" 员工愿意承担富有挑战性、具有创新性、拥有自主性，能够体现价值、发挥才能、激发潜力的工作。愿意尝试新鲜事物，抗压能力较强，情绪较为稳定，调节能力较强。面对挫折困难时不易出现不自信等负性情绪和行为，较少产生受挫感和自我否定。

3.2.3　职业韧性（自我职业规划能力）现状

本次调查中新生代员工自我职业规划的具体情况统计见表3－3，表3－3中展现了XCN公司金鹰世界店"90后"员工在职业韧性中自我职业规划的能力。在调查中，66%的被试认为"我的职业目标清晰、方向明确"，19%的被试认为自己"不符合"。79%的被试认为"我设置有难度但能实现的目标"，15%的被试认为自己"不符合"。61%的被试认为"我心中很清楚我需要具备哪些能力和技能才能被雇用"，26%的被试认为自己"不符合"。

表3－3　　　　　　　　　　　新生代员工自我职业规划能力　　　　　　　　单位:%

项　　目	符合	不确定	不符合
1. 我的职业目标清晰、方向明确	66	15	19
2. 我设置有难度但能实现的目标	79	6	15
3. 我心中很清楚我需要具备哪些能力和技能才能被雇用	61	13	26

对于调查对象职业规划情况的统计结果表明，XCN公司金鹰世界店"90后"员工具有一定的职业发展规划意识，职业选择目标较为明确。可能是因为"90后"员工无论是在经济上还是在生活上都有来自家庭的支持，自身生存压力较小。这就使得他们能在一定程度上抛开经济方面的因素，而能较多地考虑自身的职业方向。

3.2.4　职业韧性（自我独立能力）现状

本次调查中新生代员工自我独立能力的具体情况统计见表3－4，表3－4中展现了XCN公司金鹰世界店"90后"员工在职业韧性中的独立性。

在调查中，67%的被试认为"我经常通过个人接触、阅读或参加专业会议等来把握本领域未来的发展方向"，27%的被试认为自己"不符合"。64%的被试认为"一旦确认有需要学习的东西，我就积极地找寻学习机会"，29%的被试认为自己"不符合"。62%的被试认为"我喜欢通过阅读、参加会议或研究小组来学习新知识或技能"，27%的被试认为自己"不符合"。71%的被试认为"我和不同部门的人建立和维持友谊"，20%的被试认为自己"不符合"。

表 3－4   新生代员工自我独立能力   单位:%

项　目	符合	不确定	不符合
1. 我经常通过个人接触、阅读或参加专业会议等来把握本领域未来的发展方向	67	6	27
2. 一旦确认有需要学习的东西，我就积极地找寻学习机会	64	7	29
3. 我喜欢通过阅读、参加会议或研究小组来学习新知识或技能	62	11	27
4. 我和不同部门的人建立和维持友谊	71	9	20

对于调查对象独立能力的统计结果表明：XCN 公司金鹰世界店"90 后"员工学习能力较强，能够主动学习并快速接受新的知识，能对现有的工作、管理提出个人思考和创新。对于新技术、新工具、新思路、新做法比较敏感、掌握较快；同时团队意识较强，较为注重人际关系的处理，遇到难题时更喜欢通过团队合作解决问题，与现实社会中不同人群打交道的能力较强。

3.2.5 职业韧性（自我效能）现状

本次调查中新生代员工自我效能的具体情况统计见表 3－5，表 3－5 中展现了 XCN 公司金鹰世界店"90 后"员工在职业韧性中的自我效能。在调查中，67%的被试认为"我清楚我给单位带来的价值"，21%的被试认为自己"不符合"。63%的被试认为"我心中清楚我有哪些技能",27%的被试认为自己"不符合"。61%的被试认为"在当前和过去的工作中我都积极寻求更好的任务分配",28%的被试认为自己"不符合"。66%的被试认为自己可以"在我的专业领域内外都有能帮助我事业的人际网络",23%的被试认为自己"不符合"。

表3-5　　　　　　　　新生代员工自我效能选择　　　　　　单位:%

项　目	符合	不确定	不符合
1. 我清楚我给单位带来的价值	67	12	21
2. 我心中清楚我有哪些技能	63	9	27
3. 在当前和过去的工作中我都积极寻求更好的任务分配	61	11	28
4. 在我的专业领域内外都有能帮助我事业的人际网络	66	11	23

对于调查对象自我效能情况的统计结果表明,一方面,XCN公司金鹰世界店"90后"员工对自身的价值十分重视,对自身的能力也有着相当的自信。另一方面,实际工作情境中对自身工作成果有很高的期待,较能够利用内外部的人际网络沟通能力,善于利用他人资源,较多地与他人建立和维持亲密的工作关系,具有一定的社会适应性和应变能力。

3.3　新生代员工职业韧性影响因素的企业问卷调研

对于XCN公司金鹰世界店新生代员工职业韧性影响因素的分析,是深入新生代员工互动视角讨论其职业韧性提升相关问题的关键。通过对"90后"员工问卷调查的整理与分析,发现"90后"员工职业生涯过程中面临的挫折、困难、压力等挑战存在一定的年龄阶段性特征,并且随着工龄的增长其职业韧性也在稳定提升。以下对XCN公司金鹰世界店"90后"员工职业生涯各工作年限阶段的特征、不同工作年限阶段的突出性挑战做出分析,为提出职业韧性的对策提供依据。本次问卷调查将XCN公司金鹰世界店

"90后"员工职业韧性发展划分为三个主要工作年限阶段：职业发展初期
（入职1～4年）、职业发展中期（入职5～8年）、职业发展后期（入职8
年以上）。

3.3.1 职业韧性影响因素的企业问卷调研程序

3.3.1.1 调查目的

通过对XCN公司金鹰世界店"90后"员工职业韧性的现状调查发现，
"90后"员工在自我调适、自我挑战、职业规划、独立性和自我效能五个方
面均表现出较高的职业韧性。因此，需要进一步探究影响XCN公司金鹰世界
店"90后"员工职业韧性的各种因素。

3.3.1.2 调查工具

问卷调查是针对目标对象进行意见反馈的方法，由一系列的小问题组成，
通过问卷收集、分析被调查者的认识、感受和意见等信息。开展问卷调查可
以帮助调研者方便观察数据，并对调查结果进行有效的分析，在一定程度上
节省了时间、财力和人力。

本书研究的调查问卷在2021年3～4月进行。一方面，根据XCN公司金
鹰世界店提供的部分"90后"员工的联系方式，通过手机、微信等方式取得
联系；另一方面，在XCN公司金鹰世界店现场向"90后"员工发放调查问
卷（见附录2）。此次调研共发放问卷58份，回收56份，其中有效问卷50
份，有效回收率达到89.2%。问卷的筛选标准主要包括两个方面：（1）问卷
主要部分填写不完整（每个子量表的回答题项少于3个；整体问卷的缺失数
据多于5个）的删除；（2）问卷回答方式存在问题（所有题项选择同一答
案；答案呈Z字排列；连续勾选123456；反向题项的评分出现前后不一致）
的问卷不予采用。

3.3.2 职业韧性影响因素的企业问卷调研结果分析

3.3.2.1 调查样本描述性统计

（1）从图 3 - 5 可以看出，此次调研群体中男性"90 后"员工为 31 人，占总人数的 62%；女性"90 后"员工为 19 人，占总人数的 38%。工作年限方面（见图 3 - 6），入职 1 ~ 4 年的"90 后"员工占比 42%，接近总人数的一半，入职 5 ~ 8 年的"90 后"员工占比 38%，入职 8 年以上的"90 后"员工占比 20%，占总人数的 1/5。

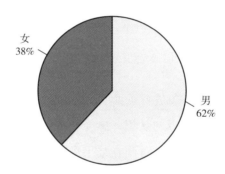

图 3 - 5　调研样本男女比例

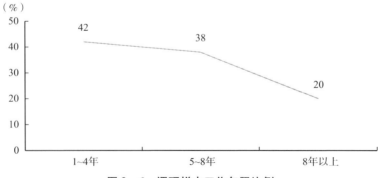

图 3 - 6　调研样本工作年限比例

可见，调研样本中 XCN 公司金鹰世界店"90 后"员工中，男性员工占多数，且入职 1~4 年的"90 后"员工占比较多，接近一半"90 后"员工处于职业韧性发展初期阶段。

（2）图 3-7 数据显示，XCN 公司金鹰世界店"90 后"员工中具有中专及以下学历的占比 31%，大专学历的占比 57%，拥有本科及以上学历的仅为 12%。

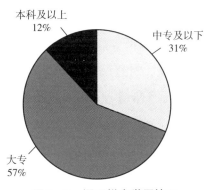

图 3-7　调研样本学历情况

调研样本中，XCN 公司金鹰世界店的"90 后"员工中多数拥有大专及以上学历，可见连锁餐饮业的"90 后"员工整体受教育水平有所提升。

3.3.2.2　新生代员工职业韧性的影响因素分析

（1）图 3-8 的数据显示，20% 的 XCN 公司金鹰世界店"90 后"员工认为对企业文化、企业管理以及企业价值观的不认同会对其职业兴趣产生负面影响，49% 的"90 后"员工认为导致对这份工作失去兴趣的原因是人际关系复杂，31% 的"90 后"员工认为对工作环境、安全和舒适性不满意会降低其职业兴趣。

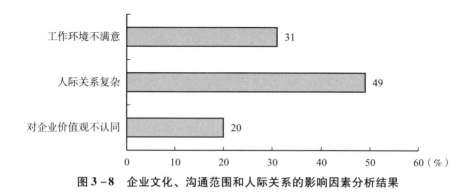

图 3 - 8　企业文化、沟通范围和人际关系的影响因素分析结果

调研样本中，XCN 公司金鹰世界店的接近一半的"90 后"员工往往因无法处理好岗位中的人际关系，对这份工作逐渐失去兴趣，从而导致职业韧性下降。同时，对企业文化、企业管理以及企业价值观不认同与对工作环境、安全和舒适性满意度也会影响到"90 后"员工的职业韧性。

（2）图 3 - 9 的数据显示，遇到挫折时，35% 的 XCN 公司金鹰世界店"90 后"员工希望自己的同事能够关心并鼓励自己战胜困难；62% 的"90 后"员工希望自己的同事能够询问自己的困难，并提出建议；而仅有 3% 的"90 后"员工认为自己的同事会冷眼旁观。

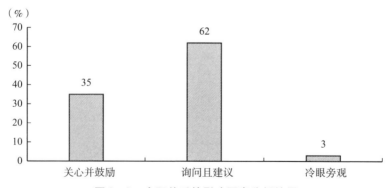

图 3 - 9　人际关系的影响因素分析结果

从调研样本可以看出，XCN 公司金鹰世界店"90 后"员工遇到困难时，和谐融洽、互帮互助的同事关系可以帮助其摆脱困境，人际关系的好坏会对"90 后"员工的职业韧性产生影响。

（3）表 3 – 6 的数据显示，XCN 公司金鹰世界店"90 后"员工中，55% 的员工认为"工作气氛融洽，同事和睦相处，薪酬待遇一般"；38% 的员工认为"工作节奏紧凑，同事间缺乏交流，但薪酬福利好"；仅有 7% 的员工认为"工作岗位不时变动，且薪酬福利一般"。

表 3 – 6 工作氛围的影响因素分析结果

选项	所占比例（%）
工作气氛融洽，同事和睦相处，薪酬待遇一般	55
工作节奏紧凑，同事间缺乏交流，但薪酬福利好	38
工作岗位时不时变动，且薪酬福利一般	7

由此可见，大部分 XCN 公司金鹰世界店"90 后"员工对企业的工作环境和同事之间的相处比较看重，而对于频繁变动工作岗位则比较反感。可见，工作氛围自由也是影响"90 后"员工职业韧性的因素之一。

（4）表 3 – 7 的数据显示，当 XCN 公司金鹰世界店"90 后"员工遇到困难时，有 75% 的员工认为亲切型、进行上下级交流的领导能够给予其支持；有 21% 的员工认为工作严苛型且很少交流的领导能够给予他们支持；仅有 4% 的"90 后"员工认为权威型且等级观念重的领导能够在工作中给予支持。

表 3 – 7 领导方式的影响因素分析结果

选项	所占比例（%）
亲切型，上下级经常交流	75
工作严苛型，除了工作很少会交流	21
权威型，等级观念重	4

由此可见，XCN 公司金鹰世界店"90 后"员工在工作中遇到困难时，亲切型、能够进行上下级交流的领导最能给予支持，帮助他们更快解决困难，从而能够提高"90 后"员工的职业韧性。21% 的员工认为严苛的家长型领导会对其产生支持，仅有 4% 的员工认可权威型领导的领导方式。可见，不同的领导方式也是影响"90 后"员工职业韧性的因素之一。

（5）从表 3 - 8 中可以得出，XCN 公司金鹰世界店"90 后"员工中，56% 的员工会因为领导及时沟通，了解想法与工作难处并解决从而消除自己的不满意；34% 的员工会因为领导沟通并表达建议从而消除自己的不满意。

表 3 - 8　　　　　　　　　　沟通方式的影响因素分析结果

选项	所占比例（%）
领导及时沟通，了解想法与工作难处并及时解决	56
领导沟通但滞后解决	10
领导沟通并表达自己的建议让自己解决	34

由此可见，领导与员工之间及时的、互动型的有效沟通方式在一定程度上能够消除"90 后"员工的不满意继而增强其职业韧性。可见，领导与员工的沟通方式也会对"90 后"员工的职业韧性产生影响。

（6）从表 3 - 9 中可以得出，49% 的 XCN 公司金鹰世界店"90 后"员工在遇到棘手的问题时会告诉自己不要轻易放弃且会耐心对待工作问题，31% 的"90 后"员工选择滞后解决棘手问题，20% 的"90 后"员工在遇到棘手问题时会告诉自己要有耐心但最后依旧是放弃。

表 3 - 9　　　　　　　　　　个性特征的影响因素分析结果

选项	所占比例（%）
告诉自己不要轻易放弃且会耐心对待工作问题	49
会先解决自己易上手的工作，最后选择棘手问题	31
告诉自己要有耐心但最后依旧是放弃	20

由此可见，XCN 公司金鹰世界店"90 后"员工在处理工作事件时所表现出来的不同个性特征也会对其职业韧性产生影响。通过调查研究发现，不轻易放弃、耐心处理工作问题的"90 后"员工，往往能提高自身的职业韧性；而最后放弃处理工作问题的"90 后"员工，则会降低自身的职业韧性。

（7）图 3 – 10 的数据显示，处于职业韧性后期的 XCN 公司金鹰世界店"90 后"员工遇到瓶颈期时，更倾向于自我心理暗示并努力在公司晋升；处于职业韧性初期的多数"90 后"员工则表示没有考虑过，这形成了明显的两极分化。

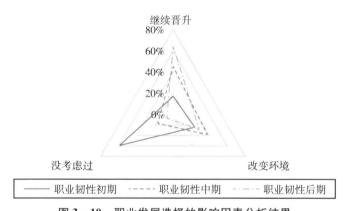

图 3 – 10 职业发展选择的影响因素分析结果

由此可见，工作年限为 5 年以上的 XCN 公司金鹰世界店"90 后"员工通过工作年限的增长和社会阅历的积累，职业韧性相对增强。对待工作瓶颈期的问题，处于职业韧性发展中期和后期的"90 后"员工则会更加谨慎。

3.3.2.3　新生代员工职业韧性的影响因素总结

通过问卷调查，研究发现 XCN 公司金鹰世界店"90 后"员工职业韧性中的影响因素主要包括企业文化、沟通氛围、人际关系、领导的包容性、领导的为人处世、人格特性、应对和归因方式、外部激励和自我激励等方面。

（1）"90后"员工职业发展初期的韧性特征和挑战。

① XCN公司金鹰世界店"90后"员工职业发展初期的韧性特征。

此阶段的主要任务是"90后"员工进入职业生涯，掌握基本技能并开始着手进行XCN公司金鹰世界店的服务工作，适应组织文化，进入员工角色，初步积累工作经验，获得独立处理各项工作任务的能力。处于初期阶段的"90后"员工，因为刚步入社会，没有太多的社会经验，在刚开始工作时往往表现出积极的职业态度，期待能在工作中大展身手。

但随着工作时间的持续与工作能力不足等新问题的出现，"90后"员工的工作兴趣大大降低，加之很多初期阶段的"90后"员工未婚，家庭事务方面的压力较轻，因此，并不十分在意工作的持续性和长远性。

② XCN公司金鹰世界店"90后"员工职业发展初期的韧性挑战。

职业韧性初期，XCN公司金鹰世界店"90后"员工面临的突出性挑战如下所述。

一是经验不足、专业知识恐慌。在正式入职的"90后"员工队伍中，有一些在学生阶段就已经有兼职服务人员的经历，但更多的入职前甚至入职后并没有经过系统的服务人员知识体系和方法技巧的学习。尤其初期阶段的"90后"员工刚步入社会并无真正的社会经历，因此，更是在心理健康问题、人际关系问题、顾客满意问题等重点问题上造成一定程度的恐慌。

二是处于此阶段的"90后"员工由于年纪较轻，在顾客关系的处理上也面临一定压力，顾客满意正向的情感反馈能起到很大的激励作用，但部分顾客的负向情感反馈也易使其控制不住不良的情绪或对自身产生怀疑和被辜负的感觉。

三是发展的压力这一共性问题。此阶段的"90后"员工怀有对待新事物的激情，但由于缺乏对服务行业的认知和耐心，往往没有清晰的目标或规划，因此，职业发展目标不太明确，职业发展规划不够清晰也是职业韧性初期的挑战之一。

（2）"90 后"员工职业发展中期的韧性特征和挑战。

① XCN 公司金鹰世界店"90 后"员工职业发展中期的韧性特征。

此阶段的主要任务是理智地进行新的职业决策，制订长期职业计划，寻求工作上的良师和引路人，开始承担工作责任。处于中期阶段的 XCN 公司金鹰世界店"90 后"员工有了一些社会历练，积累了一定的社会经验并随着工作的深入开展，对于自身职业有了清晰的认知，大多有了明确的职业发展目标并为之努力，工作胜任力不断提升，发展了较为成熟的工作模式。再者，部分由于开始打算结婚或已经结婚等原因，他们需要承担更多的家庭责任。因此，处于中期阶段的"90 后"员工较之初期阶段都承担了更多的任务和责任。

② XCN 公司金鹰世界店"90 后"员工职业发展中期的韧性挑战。

职业韧性中期 XCN 公司金鹰世界店"90 后"员工面临的突出性挑战如下所述。

一是发展的压力。随着职业发展目标的明确，工作能力的提升，发展的压力逐渐凸显，如何在队伍中脱颖而出以获得认可和晋升成为其关注的重点问题。

二是工作和家庭的平衡问题。中期阶段很多 XCN 公司金鹰世界店"90后"员工面临着结婚或者婚后家庭付出的问题，家庭事务增加，压力也随之而来。由此可见，如何兼顾家庭和工作的需要，也是中期阶段"90 后"员工面临的重要挑战。

（3）"90 后"员工职业发展后期的韧性特征和挑战。

① XCN 公司金鹰世界店"90 后"员工职业发展后期的韧性特征。

此阶段的主要任务是在丰富工作经验的基础上，现实地评估自己的能力，建立稳固的人际关系脉络，升华职业抱负，明确个人前途，接受现状或谋求进一步的晋升。处于后期阶段的 XCN 公司金鹰世界店"90 后"员工拥有较为丰富的社会经验，受挫能力、耐心程度和工作情绪也较初、中期的"90后"员工稳定许多，形成了求稳的工作风格、完善的工作模式，并在实践中积累了一定的理论基础和实践成果,职业化、专业化程度不断提升。再者,处于后期阶段的"90后"员工大多都已结婚生子,因此,无论是在工作上还是在生活上,都会有更高的追求。

②XCN公司金鹰世界店"90后"员工职业发展后期的韧性挑战。

职业韧性后期XCN公司金鹰世界店"90后"员工面临的突出性挑战如下所述。

一是晋升的压力。处于后期阶段的XCN公司金鹰世界店"90后"员工随着时间和年龄的推移较初、中期"90后"员工的职业韧性有明显的提高,但后期阶段的"90后"员工面临新一阶段的职业抉择,是选择继续晋升还是换个新的工作环境。选择继续晋升则需要面临竞争的压力,选择换个新的工作环境则需要从头开始。随着能力的不断提升,他们在工作上的追求也会更进一步,追求工作品牌、工作亮点、工作质量,形成自己的工作模式。因此处于职业韧性后期的"90后"员工在发展上也面临巨大挑战。

二是工作和家庭的平衡问题。后期阶段很多"90后"员工已经结婚生子,随着夫妻家庭事务的增加,孩子教育问题的出现,压力也随之而来,很多时候"90后"员工工作时无法照顾孩子或者没有时间做家务。由此可见,如何做好家庭和工作之间的平衡,也是后期阶段"90后"员工面临的挑战。

3.4 新生代员工职业韧性影响因素的企业访谈调研

3.4.1 职业韧性影响因素的企业访谈调研程序

3.4.1.1 访谈目的

访谈法是研究者通过与受访者进行面对面交谈的方式获取一手资料的一

种研究方法。访谈法能够获取问卷调查无法获取的、难以量化的、更加深入的内容，在一些关键问题上能够从访谈中获取更加详尽的描述。通过半结构访谈，事先规定好访谈提纲，但对于受访者的回答没有限制，并根据访谈的实际情况收集数据并加以分析。为了更好地发掘影响 XCN 公司金鹰世界店"90 后"员工职业韧性的相关影响因素，本书研究进一步运用访谈法进行深入探索。通过在问卷调查中和被调查者建立的良好互动关系，并在店长的协助下，研究团队于 2021 年 4 月中旬通过网络沟通、面对面访谈两种方式，对 7 名被调查者进行访谈。

3.4.1.2　访谈提纲设计

访谈提纲（见附录 3）主要集中于以下问题：

您认为什么样的工作环境会对职业韧性产生帮助？

您在 XCN 公司金鹰世界店有系统地学习专业知识吗？是否对您的职业韧性有提升？

您认为自己能够出色地完成本职工作吗？

您平时与领导相处融洽吗？您认为什么样的领导方式对职业韧性的提升有帮助？

从事服务行业会面临许多突发性事件，会对您职业韧性的提升造成困扰吗？您又是怎样面对和解决的？

XCN 公司金鹰世界店的考核和激励方式，您满意吗？如果不满意，体现在哪些方面？这些会对职业韧性产生影响吗？

3.4.2　职业韧性影响因素的企业访谈调研结果分析

3.4.2.1　访谈对象基本情况

具体深入地询问受访者在企业文化、沟通氛围、人际关系、领导的包容性、领导的为人处世、人格特性、应对和归因方式、外部激励和自我激励等方面的想法和体会,以及上述因素对其职业韧性产生的影响。在被访谈人员中,女性4人,占总人数的57%;男性3人,占比43%(见表3-10)。

表3-10 访谈被抽取样本男女比例(N=7)

性别	人数	比例(%)
男	3	43
女	4	57

表3-11详细描述了7名访谈者的年龄、性别、访谈方式和访谈时长。

表3-11 访谈被抽取样本基本情况(N=7)

编号	访谈方式	访谈时长(分钟)	性别	年龄(岁)
1	面对面	33	男	29
2	面对面	45	女	29
3	面对面	41	女	30
4	网络	38	女	23
5	网络	49	女	22
6	面对面	51	男	23
7	面对面	59	男	21

3.4.2.2 访谈内容

受访者对于访谈提纲的部分回答具体内容如下所述。

(1)访谈问题1:您认为XCN公司现在的工作环境对提升职业韧性方面有帮助吗?

受访者2:

"我是元旦的时候入职XCN公司,目前在XCN公司金鹰店四个多月了。

公司在工作环境上的硬件设施还是可以的，工作环境干净卫生，而且讲究员工的着装与工作牌的佩戴。但是在人际关系方面，有些员工有时候会只想着个人利益，不为团队考虑，这是我不太满意的地方。"

受访者 3：

"我刚入职时，对 XCN 公司的各种工作都很感兴趣，想多学一些技能，所有事情都想抢着做。不过没有带你入职的师傅，没有老员工或者经理告诉你该怎样接待，餐具该怎样摆放，什么物品该存放在什么位置，什么物品不该收拾，都很冷漠，你只能默默看老员工的做法。但是公司几天后会对你所做的工作评分，算在绩效工资里，这点让我觉得有点不合理。"

（2）访谈问题 2：您在 XCN 公司金鹰世界店有系统地学习专业知识吗？是否对提升职业韧性有帮助？

受访者 1：

"XCN 公司这个门店在平时开会时会定期有经理进行讲解与培训，讲解的大多是一些菜品介绍和本月工作任务，我个人认为对自身技能的提高没有特别大的帮助，而平时检查背诵的也大多是一些菜品介绍。"

受访者 3：

"XCN 公司对我们内部员工专门建设了有可以学习专业技能的内部网，有课时的要求，如果达到了规定的课时，经理会相应地在你自己的积分上加分。但工作劳累了一天早已经没有精力，没有时间去学习。"

（3）访谈问题 3：您认为自己能出色地完成本职工作吗？

受访者 6：

"我自己觉得还是能胜任工作的，因为我在这里工作只是想脱离父母，父母长时间在外地，没有时间陪我，我到这里工作是为了寻找存在感，向我父母证明自己，而我本身的脾气属于冲动型，在这儿我想多磨练一下自己的性格，而且我对新事物没太多好奇心和冲劲。"

受访者4：

"我认为我能出色地完成自己的本职工作，只是目前还不能做到事事都出色，但我相信自己的能力和耐性，别人能完成的我一定能出色完成，别人完成不了的，我也能想办法去完成它。相信在不久的将来我能事事都出色地完成本职工作。"

（4）访谈问题4：您平时与领导相处融洽吗？您认为什么样的领导方式对职业韧性的提升有帮助？

受访者3：

"我入职之后发现对于你做错的事情，有的经理表面上和善，对你不说重话，个别经理不当面讲我怎么会知道什么地方应该改进，什么地方应该继续保持。而且有时对于同一件事情的处理办法，不同的经理会让你用不同的方法解决，所以会让自己不知所措，不知道该听谁的。"

受访者7：

"我和他们相处挺融洽的；我自己的身体不太好，不能干重活，经理知道后主动解决了我的问题，适时减少了我的工作量，而且主动与我父母联系，日常向我父母汇报身体状况，父母对我也比较放心了。"

受访者6：

"我发现个别经理认为下级就应该无条件地服从上级，而我们不能发表自己的观点，我们只能服从，有时候不分青红皂白，没有了解事情的原因经过就开始批评。当然我认为大多数经理平时都做到了关心与帮助，但没有真正做到平等对待。"

（5）访谈问题5：从事服务行业会面临许多突发性事件，会对您职业韧性的提升造成困扰吗？那您是怎样面对和解决的？

受访者1：

"其实这些突发性事件会对我造成影响，记得当时我第一次对自己的能力产生了怀疑，我的心情很低落，但之后我适时地调整了自己的心情和态度，现在的我面对突发性事件时，我的处理办法是：耐心倾听，全力解决，始终保持良好的心态。"

受访者 2：

"当然会对自己有困扰的，但我相信办法总比困难多，这是我的想法。我对待突发性事件时会先沉着冷静地分析事情原因，然后想问题的解决方法，该怎样最好地解决。事情解决后，对待服务不周的地方，虚心接受并加以改正。"

受访者 6：

"外界的声音不太会对我造成影响，我的准则是：对待突发性事件首先在心态上保持乐观并积极面对，先自己试着解决，当觉得自己能力不足时，没有办法解决问题了，会及时找经理解决这个问题。"

（6）访谈问题 6：XCN 公司金鹰世界店的考核和激励方式，您满意吗？如果不满意，体现在哪些方面？这些会对职业韧性产生影响吗？

受访者 7：

"我还是比较满意的；在来 XCN 公司之前，我换过好几份工作，干过很多类型的工作，对比之前几家公司的薪酬待遇，我觉得公司的考核和激励方式还是不错的。XCN 公司帮助你安排吃饭与住宿问题，解决了像我这样的外地人租房难、租房贵的问题，每月工资收入是绩效工资和本月业绩之和，能解决基本日常开销，这也是使我在公司坚持下来的原因之一。"

3.4.2.3 访谈结果分析

本书研究通过半结构化访谈，结合 XCN 公司金鹰世界店"90 后"员工的工作实际，探索并验证了新生代员工职业韧性的影响因素，包含专业能力、职业规划、领导方式、发展机会、人际关系、外部激励、内部激励七个分点，概括为个人特征、领导方式、工作环境、价值驱动四个维度（见图 3 - 11）。这一结构聚焦于 XCN 公司金鹰世界店"90 后"员工跨越生涯障碍、保持持续向前的动力系统，不仅关注 XCN 公司金鹰世界店"90 后"员工个人以积极方式进行自我平衡、维持以从创伤中恢复的能力，更关注其主动预防和适应可能出现的高风险环境、应对日常工作生活压力的相关因素，将职业生涯韧性延伸到了压力管理的范畴。高职业素养是 XCN 公司金鹰世界店"90 后"员工应对和预防生涯挑战的必备条件，领导方式支撑 XCN 公司金鹰世界店"90 后"员工在职业生涯发展道路上持续向前，价值驱动则为 XCN 公司金鹰世界店"90 后"员工跨越生涯障碍提供助力，良好的工作环境则为其提供有力保障。

（1）"90 后"员工职业韧性的必备条件：职业素养。

个人特征因素是 XCN 公司金鹰世界店"90 后"员工职业韧性重要的内在资源，而职业素养是 XCN 公司金鹰世界店"90 后"员工顺利应对工作中的挫折、困难、挑战的必备条件。在本书研究中，职业素养因素主要包括专业能力和职业规划两个方面。

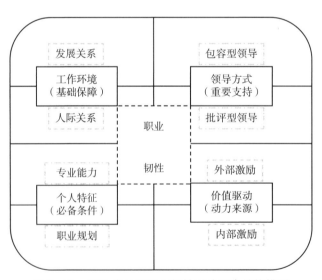

图 3-11　新生代员工职业韧性影响因素结构模型

专业能力主要包括理论知识和专业技巧、创新性、突发事件应对三个方面。理论知识和专业技巧是 XCN 公司金鹰世界店"90 后"员工专业能力的基础部分，是 XCN 公司金鹰世界店"90 后"员工必须掌握和随时更新的部分。XCN 公司金鹰世界店的员工工作性质决定了"90 后"员工必须具备一定的耐心性，耐心性能够使对顾客的心情与消费体验起到更佳的效果。突发事件应对是 XCN 公司金鹰世界店"90 后"员工工作能力的重要内容，这些问题的出现往往是 XCN 公司金鹰世界店"90 后"员工职业韧性的试金石，但由于其突发性和不可控性，往往给 XCN 公司金鹰世界店"90 后"员工造成很大的压力。

职业规划由发展目标、发展规划、主动学习三个方面来实现。明确的发展目标能够激励 XCN 公司金鹰世界店"90 后"员工为之不断奋斗，从而提升其工作质量。清晰的发展规划则为 XCN 公司金鹰世界店"90 后"员工长期的成长与发展铺设道路，对于 XCN 公司金鹰世界店"90 后"员工持续奋斗有重要的作用。主动学习是 XCN 公司金鹰世界店"90 后"员工与时俱进、不断提升专业能力的重要保障，同时为其成长和发展提供不竭的内在动力。

（2）"90 后"员工职业韧性的重要支持：领导方式。

领导方式是 XCN 公司金鹰世界店"90 后"员工职业韧性的内在资源之一，是 XCN 公司金鹰世界店"90 后"员工顺利应对工作中的挫折、困难、挑战的重要动力来源。领导关系主要通过情感反馈和指导互动两个方面来实现。XCN 公司金鹰世界店"90 后"员工工作是关于"人"的工作，领导与"90 后"员工之间良好的情感反馈，不仅有助于 XCN 公司金鹰世界店"90 后"员工对工作的了解，也为其工作提供强大动力；指导互动则更加倾向于领导对于"90 后"员工工作的认可，愿意接受领导的指导或建议。情感反馈和指导互动往往是不可分割、相辅相成的。

研究发现包容性领导在 XCN 公司金鹰世界店"90 后"员工中更能获得评价优势，受人尊重，这种评价不仅体现在言行举止上，也体现在思想认同上。包容性领导包括开放性、有效性、易接近性三个维度。包容性领导可以帮助 XCN 公司金鹰世界店"90 后"员工提升对于职业的认同，和对于自身职业匹配度的认同，拥有高认同感的 XCN 公司金鹰世界店"90 后"员工更有可能长期从事这份职业。

（3）"90 后"员工职业韧性的基础保障：工作环境。

工作环境因素是 XCN 公司金鹰世界店"90 后"员工职业韧性的外在因素之一，良好的工作环境能够使 XCN 公司金鹰世界店"90 后"员工的工作过程更加顺利，也能够为其提供更多支持。在本书研究中，工作环境因素主要包括发展机会和人际关系两个方面。

发展机会主要是通过团队积极性、发展政策、学习机会三个方面来实现的。团队积极性主要是指 XCN 公司金鹰世界店"90 后"员工职业韧性所感受到的周围人的工作积极性，欣欣向荣的团队文化能够形成水涨船高的积极效应，对 XCN 公司金鹰世界店"90 后"员工职业韧性形成良好的激励作用。如果团队积极性低迷，也会对 XCN 公司金鹰世界店"90 后"员工职业韧性产生潜移默化的消极影响。发展政策是决定 XCN 公司金鹰世界店"90 后"员工职业韧性发展机会、发展空间的关键因素，发展政策落实到位，有助于 XCN 公司金鹰世界店"90 后"员工职业韧性确定清晰的发展目标。学习机会为 XCN 公司金鹰世界店"90 后"员工职业韧性理论知识和业务水平的提升提供保障，充足的学习机会能够使 XCN 公司金鹰世界店"90 后"员工职业韧性自我提升感更加强烈，也有助于其对自身的职业发展有深入的认识。对于新入职的员工，学习机会的重要性体现在学习必备的知识和技能，帮助其尽快适应工作内容和节奏。

人际关系主要包括同伴支持和领导关系两个方面。同伴支持主要是通过朋友、同事、家庭的支持以及自身调节等各个方面来实现。同事是 XCN 公司金鹰世界店"90 后"员工工作的重要伙伴，无论是日常事务中还是出现特殊问题时，他们往往和"90 后"员工共同面对。家庭是 XCN 公司金鹰世界店

"90 后"员工生活中的支柱,家人的支持不但能够帮助 XCN 公司金鹰世界店 "90 后"员工在很大程度上疏解来自家庭事务的压力,也能够为其解决工作上的烦恼提供支持。自身调节是 XCN 公司金鹰世界店"90 后"员工面临挫折、困难、压力时,自我调适以舒缓压力的能力,而善于进行自我调节的"90 后"员工,也更有可能通过寻求同伴帮助来疏解压力。

(4)"90 后"员工职业韧性的动力来源:价值驱动。

价值驱动因素是 XCN 公司金鹰世界店"90 后"员工职业韧性的外在因素之一,是其职业韧性的基础保障。外部激励主要通过考核和激励措施等方式来实现,自我激励主要是通过心理健康管理方式来实现。考核和激励措施是 XCN 公司金鹰世界店"90 后"员工工作动力的重要来源,科学合理的考核方式和激励措施能够有效地增强其工作活力,提升工作满意度和归属感。心理健康管理是疏解 XCN 公司金鹰世界店"90 后"员工工作压力,促进心理健康的重要举措,也是其职业生涯发展的重要动力。不但有助于 XCN 公司金鹰世界店"90 后"员工工作的顺利开展,也能使其对于自己的成长和发展更加充满信心,以更好的投入度面对工作。

3.5 包容性领导影响新生代员工职业韧性的案例研究

在上述新生代员工职业韧性影响因素的企业访谈调研中发现,领导方式对于新生代员工的职业韧性具有非常重要的影响,特别是包容性领导在 XCN 公司金鹰世界店"90 后"员工中更能获得评价优势,受人尊重,这种评价不仅体现在言行举止上,也体现在思想认同上。拥有高认同感的 XCN 公司金鹰世界店"90 后"员工,更有可能长期从事这份职业。因此,为了探讨包容性领导对新生代员工职业韧性的影响机制,研究团队运用案例研究法进行深入挖掘。

　　"90 后"员工日益成长为职场主力军，全行业"90 后"员工在职场人群中的比例越来越高。但是，其心理安全感较低，在职场中往往会表现为对待工作缺乏韧性和耐力。根据职业社交网站领英调查显示，目前在经济较发达的华东地区，一线基层职工中"90 后"员工占比已超过半数，达到 55%。在新兴的互联网及相关产业中，"90 后"员工的比例更高达 70% ~ 80%，其中高层员工也已有近半数是"90 后"。但是，"90 后"员工频繁辞职跳槽已经成为很多人的工作常态，数据显示出生年代越晚的职场人，往往第一份工作的平均在职时间越短，"90 后"的第一份工作平均在职时间骤减为 19 个月。其中，有 50% 的"90 后"在工作半年内离职，而且近 9 成离职者是主动辞职，同时不到 40% 的人能在同一个工作岗位上待上 2 年。在各种社交网站上，"90 后"员工与领导一言不合就"秒辞""裸辞"的新闻屡见不鲜，而领导则普遍抱怨"90 后"员工在职场中往往缺乏坚持、执着的职业态度和操守，领导者的管理方式与"90 后"员工的不相匹配是导致其工作稳定性低的重要原因。海纳百川，有容乃大。"90 后"员工渴望获得领导的理解、谅解和包容，因而包容性领导作为一种新兴的领导方式，越来越受到"90 后"员工的青睐。已有学者开始关注其对员工个体层面（工作满意度、职业发展、创新行为）（Cho & Mor Barak，2008；Mor Barak & Cherin，1998；高建立和孙明贵，2015）和团队层面（工作卷入度、多样化、公平）的积极影响（Nembhard & Edmondson，2006；Granados & Kruse，2011；Ryan，2006）。同时，相关研究也表明，职业韧性能促使个体在某职业领域内的坚持并提高其工作绩效（Tait，2008）。

　　"共生"（symbiosis）一词源于生物学，1879 年德国真菌学家、植物学家德贝里提出此概念，后来逐渐运用到其他学科领域。一般来说，共生是共生单元之间在一定共生环境中按照某种共生模式所形成的关系（袁纯清，1998）。在后疫情时代经济下行压力的持续影响下，领导亟需具有职业韧性的员工以获取行业竞争优势，员工也需要包容性领导以克服不确定性和职业逆境，领导与员工之间不再是单纯的上下级关系，而是形成了互利互惠、相互依存、协同发展的共生模式。在共生环境中，处于社会互动中的个体更需要获得组织的预测感和控制感，而自我验证理论是解释个体和组织互动关系的重要理论基础。基于此，此部分研究从自我验证理论的视角出发，探索包容性领导对"90 后"员工职业韧性的影响机制，以及"90 后"员工和组织互动关系在其中的作用。XCN 公司是专注于淮扬菜饮食的大型连锁餐饮企业，留住并培养了一批勤奋踏实、忠诚敬业的"90 后"员工，是什么使得"娇生惯养"的"90 后"员工愿意面对并专注于"最辛苦"的餐饮行业？以开放性和包容性著称的 XCN 公司领导者在"90 后"员工职业韧性的塑造过程中又起着怎样的作用？基于对上述现实问题的思考，此部分研究旨在运用案例研究方法，探索以下研究问题：

（1）在"共生"视角下，包容性领导的内涵是什么？

（2）"90 后"员工的职业韧性有哪些新的内容？

（3）包容性领导对"90 后"员工职业韧性的内在影响机制是什么？

为此，本书研究在"共生"视角下，以自我验证理论为基础，选取 XCN 公司为研究对象，结合文档资料和一手实地访谈调查，深入挖掘和分析包容性领导、"90 后"员工职业韧性以及包容性领导如何塑造"90 后"员工职业韧性三大问题，并在此基础上探讨促使其增强职业韧性的外部干预和培养措施，希望对发展"90 后"员工职业韧性的理论和实践方面都具有一定的促进作用。

3.5.1 理论基础

3.5.1.1 包容性领导

包容理念在组织行为学研究领域是一个较新的概念，米勒（Miller，1998）首次将其定义为：多元化的个体被组织鼓励完成任务和使命、参加活动、为组织全力做出贡献的程度,这一观点得到其他学者的认同(Roberson,2006)。其后内姆哈德和埃德蒙森(Nembhard & Edmondson,2006)将包容理念引入领导学研究中,并提出"包容性领导"的概念。后续学者则进一步从特质视角、行为视角和过程视角对包容性领导的概念进行探索。卡尔梅利(Carmeli,2010)从特质视角出发,认为包容性领导具有能够倾听和关注员工的需求,并在互动中表现出开放性、易接近性和有效性的特质。内姆哈德和埃德蒙森(2006)从行为视角出发,将包容性领导定义为一种能从言行上体现出欣赏和鼓励员工,善于倾听下属意见的领导方式。霍兰德(Hollander,2009)从过程视角出发,指出包容性领导是一种领导与下属之间的双向关系,这种关系是以尊重、认可、责任和回应为基础的,双方共同完成组织任务,激发下属的活力和潜能,从而实现双赢。

就个体层面而言,相关实证研究表明,包容性领导与员工的工作绩效、工作投入、组织承诺、工作满意度、归属感、个人责任感、幸福感、新工作卷入度、建言行为显著正相关(Mor Barak & Cherin,1998;Carmeli,2010;Choi et al.,2015)。同时,包容性领导还能降低员工的离职率(Nishii & Mayer,2009)。在团队层次方面,包容性领导能够促进医疗团队成员投入质量改进工作中去(Nembhard & Edmondson,2006)。在组织层面,包容性领导能够促进教育公平和管理多样性(Granados & Kruse,2011)。近年来,国内外学者认为,心理安全感是包容性领导发挥作用的重要内在影响机制,并得到了相关的实证检验(Nembhard & Edmondson,2006)。其他学者还陆续发现了一些双中介机制,比如心理所有权和犬儒主义(马跃如等,2014),情感性组织承诺和创造力(Choi et al.,2015),心理安全感和领导—成员交换关系(Yin,2013)。

从上述分析中可知,包容性领导在当今多元化的组织情境中发挥着重要作用,绝大多数研究都是从个体心理感知层面探究包容性领导与实施效果之间的内在作用机制,且鲜有学者从领导与员工的"共生"视角探索包容性领导的新内涵。

3.5.1.2 职业韧性

职业韧性是心理学概念韧性在职业领域内的准确表述，最早由伦敦（1983）在《职业动机理论》一文中提出。后续学者对职业韧性从结果性、品质性和过程性三方面进行了研究。结果性定义指出，职业韧性是个体在遭遇职业逆境后，不管通过自身努力还是周遭环境的支持，都能最终获得良好的结果（Hively，2003）。品质性定义认为，职业韧性是个体具有一种能从职业逆境、冲突和失败中恢复甚至超越原来状况的能力或特质（Youssef & Luthans，2008）。过程性定义将职业韧性定义为，个体应对职业逆境时个体自身与周围环境之间相互作用的过程，在此过程中个体的韧性既不是一种品质，也不是一种结果，而是一个动态的过程（Caverley，2005）。

随后，学者们又运用量化方法和质性方法对职业韧性的影响因素进行了实证研究，在人口统计变量方面，年龄与职业韧性正相关（Noe et al.，1990），性别和教育水平对职业韧性的影响结果不一致（London，1997；Hively，2003）。在个体特征方面，积极的应对策略、自律性、自我效能、自尊、对职业发展的投入度、关系网络对职业韧性均具有正向影响（Caverley，2005；Grzeda M. & Prince，1997；Gowan et al.，2000；Greller，2006；Halgin，2009）。

从上述分析中可见，职业韧性作为一种个体职业开发和管理的新理念，要求员工和组织共同构建一种相互承诺、相互承担责任的新型雇佣关系。然而，鲜有研究探索不同领导类型对员工职业韧性的影响方式和具体途径，因此，有待于进一步开展对典型企业的案例研究。

3.5.1.3 包容性领导与职业韧性的关系

目前，有关包容性领导对员工职业韧性塑造机制的相关实证研究还需进一步探索。伴随当今迅速变化、充满不确定性和激烈竞争的职场环境，研究者们意识到了职业韧性的重要性，开始对工作环境变量和职业韧性进行了初步探索性研究。员工知觉到的授权有利于职业韧性的提高（London，1997），上司和重要他人的支持与职业韧性正相关（Fisher & Stafford，2000），激励性的工作特征（满意、自主、反馈、挑战性）对职业韧性有正向影响（Noe et al.，1990）。此外，领导者的个人主义和集体主义文化倾向也会对其职业韧性产生影响，研究表明具有个人主义文化倾向的澳大利亚领导者的职业韧性要高于具有集体主义文化倾向的马来西亚领导者（Noordin，2002）。

3.5.1.4 自我验证理论

在传统的符号互动理论和自我一致性理论的基础上，斯旺（Swann，1983）于20世纪80年代提出了自我验证理论。该理论的核心假设是，人们为了获得对外界的控制感和预测感，会不断地寻求或引发与其自我概念相一致的反馈，从而保持并强化他们原有的自我概念（Swann et al.，2003）。该理论认为人们自我验证的根本原因是，人们有增强对现实的预测和控制的动机。自我验证增强人们的预测感和控制感表现在两个方面：第一，认知方面，自我验证有助于形成稳定的自我概念，而稳定的自我概念就像船上的舵，在变幻莫测的生活海洋中支撑着我们航行的信心，从而使我们能更好地把握世界；第二，实用方面，自我验证使得他人对我们的看法跟我们对自己的看法一致，我们自认为的身份得到普遍的承认，则我们的社会交往也变得可预测，社会交往也会更加顺利。斯旺（1992）用实验揭示了人们自我验证的原因主要是表现在认知和实用这两个方面上。斯旺（2002）总结了以往有关自我验证的研究结果，并提出了自我验证过程的模型，将以往的有关研究结果纳入这个自我验证模型中。

由图3-12可以看出，人们通过两大途径去验证自我，即营造验证自我的社会环境和对现实信息的主观歪曲。营造验证自我的社会环境包含三个方面：（1）选择交往伙伴和环境；（2）有意显示身份线索；（3）采取能引发自我验证反馈的交往策略。对现实信息的主观歪曲也包含三个方面：（1）选择性注意；（2）选择性编码和提取；（3）选择性解释。斯旺等（Swann et al.，2003）所提出的上述验证自我的途径是在以往大量研究的基础上概括出来的，都有大量的实证研究支持。

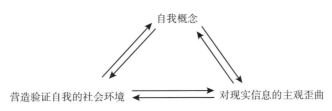

图 3 - 12　Swann 自我验证过程模型

资料来源：Swann W. B.，Kwan V. Y. A.，Polzer J. T. & Milton L. P. Fostering group identification and creativity in diverse groups: The role of individuation and self-verification [J]. Personality and Social Psychology Bulletin，2003，29：1396 - 1406.

依据自我验证理论，个体希望从领导或者同事处获得反馈评价，以验证他人看待自己的方式与自己看待自己的方式是否相一致，而不考虑这种评价是积极的还是消极的。在此基础上，又通过认知—行为链条来解释个体的行为动机，提出了 SIR 模型，即 S 选择（selection）—I 诠释（interpretation）—R 留任（retention）来阐述个体寻求自我验证的过程（Swann et al.，2003）。

3.5.1.5　现有研究评述

通过文献梳理发现以下三点。

第一，现有包容性领导概念是基于西方组织员工为研究对象开发的，其后国内部分学者基于中国组织情境和传统文化特色对包容性领导的概念和结构维度进行了初步探索。在当前"传统—现代—后现代"的复合时空背景下，领导和员工构成"共生"关系的组织情境下，包容性领导概念必然出现一些特殊的内容和结构维度。

第二，以往学者都是笼统地研究个体所有生命周期的职业韧性，事实上，个体的职业韧性是一个动态的、逐步变化的过程，按照生命周期视角将个体的职业生涯按照年龄划分为职业尝试期（30 岁及以下）、职业稳固期（31 ~ 45 岁）和职业维持期（46 岁及以上），本书着重研究位于上述职业尝试期的"90 后"员工的职业韧性，精准聚焦此群体以生存为核心目标、以能力为核心职业匹配要素的阶段性特征，也更适合职业韧性的动态互动视角。

第三，大多数职业韧性机制研究仍然基于伦敦（1983）的职业动机模型，事实上职业韧性是一种长期的、动态的、复杂的形成过程，需要从个体特性、保护性环境因素以及个体应对机制三个方面的复杂过程视角去研究，因此本书研究试图从互动性的视角探索包容性领导对"90 后"员工职业韧性的内在影响机制，有利于揭示出个体从平衡破裂到重新整合从而获得韧性的动态过程。

3.5.2　研究设计与方法

3.5.2.1　方法选择

此部分研究聚焦于包容性领导和职业韧性的新内容，以及包容性领导对"90 后"员工职业韧性的塑造过程，这是学术界尚未深入探索的问题，因此，选用探索性单案例的研究方法，主要基于以下原因。

首先，案例研究方法一方面可以充分地挖掘出实践中发生的新现象，从而进一步构建和验证理论，另一方面可以获得对某些既有社会现象的解释。此部分研究主要从共生视角出发，旨在回答"包容性领导如何塑造'90 后'员工职业韧性"这一问题，属于"如何"的问题范畴，因此适用于案例研究方法。

其次，本书研究从自我验证的视角，试图打开个体特性、保护性环境因素（包容性领导）以及自我应对机制是如何产生互动并发生影响的"黑箱"，而探索性案例适合于归纳相关性和因果性的研究问题，因此，需要选用探索性案例研究方法。

最后，本书研究旨在探索包容性领导和职业韧性的新内容以及包容性领导对"90 后"员工职业韧性的塑造过程，而单案例研究能够从较深层次上剖析案例内容，捕捉管理活动中的新现象，更适合提炼出解释复杂现象的发展规律或者理论，因此，单案例研究更适合此部分的研究目的。

3.5.2.2 案例选择

基于单案例研究需要样本具有极端性和启发性的要求，同时兼顾案例样本与理论目标相一致的原则，此部分研究选取 XCN 公司为研究对象。公司成立于 1997 年，是一家专业、专注于淮扬菜饮食及其管理的大型连锁餐饮企业。多年来，XCN 公司一直倡导"以顾客体验为中心，以奋斗创新为根本，正己化人，团队合作，诚信仁爱"的价值观，致力做幸福餐饮的引领者，传播中华优秀传统文化，让世界爱上淮扬菜！发展至今，公司旗下已拥有淮扬菜连锁、会议度假酒店、精品创意餐厅连锁、青谷团膳管理公司等多种业态模式，已实现集团化、连锁化管理，拥有配套的现代种植养殖基地、食品加工中心、物流配送中心、谦之德文化培训学院等机构，员工已达 4000 余人。公司先后获得"全国青年文明号""中国企业文化建设先进单位""国家级绿色餐饮企业""全国中餐连锁三十强""黑珍珠餐厅""中国餐饮 30 年卓越企业奖""江苏省著名商标"等百余项殊荣。XCN 公司秉承一切工作以顾客满意为目标，用心感动顾客，创造幸福就餐体验的服务理念，一群人、一辈子、一件事的团队理念，鼓励团队成员在企业平台上共创共富，成为企业真正的合伙人（XCN 公司发展历程如图 3 - 13 所示）。

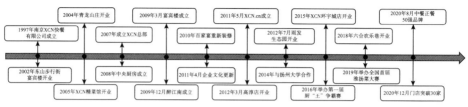

图 3 – 13　XCN 公司发展历程

研究选取 XCN 公司为研究对象，主要基于以下标准。

首先，代表性。餐饮行业是服务业中最为辛苦的行业之一，员工在工作中身体和心理经常会达到或超过极限。然而研究组在对 XCN 公司的长期跟踪研究中发现其员工却能展现出良好的适应能力，当遇到困难和挑战时，大多能恢复甚至超越原先的状态，在企业近 30 年的发展历程中，好几代员工都获得了可持续性成长的能力。因此，XCN 公司员工职业韧性的典型性为本书研究提供了很好的观察机会。

其次，情境性。XCN 公司的领导能够在工作和生活中关注员工的需求，认真倾听员工的意见和建议，尊重员工的想法和创新，以开放的态度欣赏和包容员工的优点和缺点，这种领导风格与本书研究探讨的情境具有较好的契合度。

再次，共生性。2020 年到 2022 年 3 月，XCN 逆势发展，陆续在南京新开了 14 家门店，北京成功开店 2 家，多家门店登上大众点评好评榜 TOP3。同时，新开门店中一半以上店长都是"90 后"员工，他们通过打造地标级文化主题店，重塑品牌价值，链接年轻客群，吸引了大量年轻人前往打卡，客单价提升 35%，三个月时间就"霸榜"大众点评，成为南京时尚餐饮新标杆。可见，面对疫情的压力和挑战，XCN 和"90 后"员工互相依存、同舟共济、互惠互利，展现出积极的共生模式。

最后，可获得性。一方面，作为全国知名的淮扬菜连锁餐饮企业，XCN公司的公开资料比较丰富；另一方面，作为校企合作企业，XCN 公司与高校多个专业共同设立定制班，为其量身定制各类所需人才，研究组多次深入XCN 公司各部门进行实地调研和访谈，这些都有利于研究数据的获取。

3.5.3 数据收集与编码

为了提高研究的信度和效度，研究通过多种渠道收集数据，并运用三角测量法对同一现象采取多种手段进行汇聚和交叉验证，避免回顾意会和印象操控带来的偏差，以确认新的发现。直到不再产生新的信息，达到理论饱和后，研究组才停止收集资料。

3.5.3.1 一手数据收集

根据预先设计好的访谈提纲，2020 年 10 月至 2022 年 4 月研究组对 XCN 公司的相关人员进行了多次半结构化访谈，每次访谈均得到了访谈对象的许可，研究组对访谈过程进行了录音和文字转录，在访谈结束后尽快将其整理成案例报告予以保存，后续通过电子邮件、微信等方式将案例报告反馈给被访谈者确认其准确性，以保证研究的效度。在实地调研过程中，研究组共计对 20 位受访者进行了访谈，包括公司集团总部、五家店铺的经理、店长、副店长、店助、服务员、收银员、传菜员等，访谈总时长约为 730 分钟，共计形成了 11.2 万字的文字记录（见表 3 - 12）。

表 3 - 12　　　　　　　　　部分访谈成员基本信息

所属范围	编号及姓名	调研部门	受访者职位	访谈日期	访谈时长（分钟）	转录文字（千字）
集团总部	A 张先生	食品研发部	副部长	2021 年 5 月	43	5
	B 薛女士	人力资源管理部	部长	2021 年 6 月	55	7
	C 刘女士	谦之德文化学院	院长	2020 年 12 月	47	6
	D 李女士	财务部	会计	2021 年 8 月	42	5

续表

所属范围	编号及姓名	调研部门	受访者职位	访谈日期	访谈时长（分钟）	转录文字（千字）
集团总部	E 吴先生	供应链部	配送员	2021 年 9 月	46	5
	F 汤先生	餐饮管理部	管理员	2020 年 12 月	52	6
门店	G 郝先生	湖南路店	店长	2021 年 10 月	56	6
	H 张女士	青龙山庄	副店长	2021 年 11 月	48	5
	I 刘女士	桥北弘阳路店	店助	2022 年 1 月	41	5
	J 汪先生	环宇城店	服务员	2021 年 12 月	49	4.5
	K 蒋女士	河西金鹰店	收银员		38	4
	L 王先生	高端臻选店	传菜员	2022 年 1 月	51	5

同时根据中立和遵循事实的要求，研究组部分成员参与到 XCN 公司经营的观察活动中，包括对新生代员工日常工作状态，遇到挑战、突发状况、挫折时的处理应对方式和情绪变化，与领导互动过程中的反应和效果等，并形成观察文字记录、图片、视频、音频等资料。

3.5.3.2 二手数据收集

二手数据的收集主要包括三个渠道：① 公司官网介绍、媒体报道、相关书籍等 XCN 公司的公开信息和二手资料；② 企业年鉴、组织架构、培训与管理体系、经营业绩、业务分布、领导讲话、员工座谈等各项公司内部文件；③ CNKI 等数据库中公开发表的期刊论文。研究组通过上述二手数据梳理出企业发展历程、工作关键性事件、员工情感反应和变化阶段等，作为访谈和参与式观察的补充。

3.5.3.3 数据编码

本书研究遵循案例研究编码方式，运用扎根理论对收集到的原始数据进行三阶段编码。为防止由于个人主观性造成的结论片面性，编码工作由导师团队和 4 名研究生共同完成。每位研究生单独进行编码，其后都要对编码结果进行一致性比较，将比较结果与导师团队讨论，继续调整和完善编码结果。当研究组遇到分歧时，大家还会咨询相关的专家学者，反复磋商直至达成意见一致。

通过开放式编码、主轴编码和选择式编码得到不同的概念及范畴。

① 开放式编码：研究组对各种资料中的句子或片段进行概念化，再以新的方式重新组合。通过对 XCN 公司原始资料的提炼、聚拢，并去除低于两次出现频率的概念，最终得到 227 个概念和 36 个范畴。

② 主轴编码：在开放式编码之后，研究组根据不同范畴之间的因果关系和逻辑次序以新的方式重新排列，将开放式编码形成的 36 个范畴聚合成 10 个主范畴。

③ 选择式编码：研究组在主轴编码的基础上，进一步挖掘核心范畴，并通过故事线的形式呈现出来主范畴的典型关系结构。

3.5.4 研究数据分析及发现

3.5.4.1 包容性领导的内涵和结构

根据卡尔梅利（Carmeli，2010）提出的包容性领导理论，包容性领导与员工互动时表现出易接近性、开放性和有效性三个维度，围绕 XCN 公司领导模式的实践活动，对各项资料进行编码分析后发现 XCN 公司的领导模式不仅显现出上述三个维度，而且还新增了面子感和伙伴性两个维度。具体表现为：适度的自主和授权、真正的尊重和认可、以身作则、互相理解和有效沟通、给下属留面子、平等的伙伴关系。特别是在给下属留面子、平等的伙伴关系方面表现得更为突出，关于 XCN 公司包容性领导的主要编码结果分别见表 3 – 13 和图 3 – 14。

表 3 – 13   包容性领导编码

维度	范畴	开放式编码
适度的自主和授权	让下属充分发挥自己的才能	入职前领导和员工共同一对一分析最擅长的部分；每周公开讨论一周工作问题；在下属面前适当"示弱"
	培养下属独立思考的能力	领导不"紧盯"下属；每季度师父让徒弟"大秀绝活"；引导下属提出合理化建议，而不是一味地顺从
	让下属主动承担更大的责任	屏除完美主义思想；制造机会放手让下属做事；适时移交主动权，让下属自己去调整
	相信下属能做"更大"的事	开会激励士气；每月轮流让下属"独当一面"；鼓励和支持店助独立开店
	激发下属的"主人翁"精神	每人一本"管家记账本"；每月用积分制奖励"小主人"；缔造员工幸福成长的家园
真正的尊重和认可	尊重下属人格	领导在下属入职前就充分了解其人格、生活习惯、兴趣爱好和生活方式等；推行"素养积分制"
	不规避下属的缺点	不"死盯"着下属的缺点；指出缺点的同时不忘表扬优点；提出解决方案并分享一些技巧；犯几次错误后就"茁壮"了
	真正关心下属发展	5 种内部培训课程提高员工素质；为下属制订培训计划、岗位说明；各个岗位互学技能；储备干部培训班制度
以身作则	师傅带徒弟	员工入职"育心"培训；后厨传帮带，师徒荣辱绑定；"分享善乐，感恩一切"的孝文化培训
	在下属面前展示真实的自我	不伪装自己；主动告知下属自身长处、做事习惯、领导风格以及不足等
互相理解和有效沟通	转变旧观念，开拓岗位新视角	"传菜部"成为"最后一道质检部门"；将传统体力岗位升级为"全能型"岗位
	设身处地为下属着想	层层引导，使下属释放"真我"；真正了解下属言语背后的诉求；领导不能陷入"和自己说话"的境地
	富有"人情味"的沟通	一封家书传递真情；"入职音乐课"理解工作和同事；共同学会"原谅"对方
给下属留面子	态度和蔼	领导权威建立在对下属的友好和尊重基础上；相互微笑夸赞对方
	多为下属"支招"	下属与顾客有矛盾时，帮助协调解决；定期开展"工作港湾月"处理下属之间的不协调
平等的伙伴关系	"家族式"关怀	高管定期给员工父母打电话、聊家常、送祝福；设立"孝心基金"；投入资金培养"厨娘二代"
	对事严苛，对人温暖	每年举行"感恩最可爱的人"活动；组织开展"中医健康养生行"进店32家；早会员工诵读传统文化经典著作，学习"爱与感恩"；"感恩员工"的爱心基金

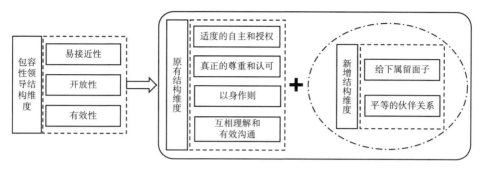

图 3 - 14 包容性领导结构维度

（1）适度的自主和授权。

工作自主是工作控制中的决策维度，是员工在完成任务时在计划、方法和决策等方面自由安排的程度（Hackman & Oldham，1976）。授权是领导与下属之间分享权力，以便让下属形成自我控制并开展自主活动（Sharma & Kirkman，2015）。通过对 XCN 公司原始资料的编码和分析，研究发现 XCN 公司的领导能让下属充分发挥自己的才能、培养下属独立思考的能力、让下属主动承担更多的责任、相信下属能做"更大"的事、激发下属的"主人翁"精神，因此将其概括为"适度的自主和授权"。

（2）真正的尊重和认可。

内部尊重感是员工依据自身所拥有的、与组织相关的属性对其在组织中的价值和位置做出的判断，反映了员工在组织中被接纳和被重视的程度（Tyler & Blader，2003）。通过对 XCN 公司原始资料的编码和领导行为的剖析，研究发现领导对下属表现出"真正的尊重和认可"，主要体现在尊重下属人格、不规避下属的缺点、真正关心下属发展三个方面。

（3）以身作则。

领导者自身的品质和行为会对下属产生一定的影响（尹奎等，2021），比如变革型领导通过自身的影响力激发下属更高层次的需求来推动真正变革；魅力型领导运用自身的才能和魅力使下属产生崇拜感，从而促进组织目标的实现;精神型领导通过满足下属精神性存在的需求来调动其积极性,从而获得良好的组织绩效。通过对 XCN 公司领导实践行为的编码和分析,研究发现领导不仅自身在下属面前展现出真实的自我,而且还通过师傅带徒弟的行为过程来影响下属的品质和行为,因此,将其概括为"以身作则"。

(4) 互相理解和有效沟通。

组织沟通环境是组织环境的重要组成部分,拥有开放性的组织沟通环境使得内部成员之间能够更加便捷、轻松和深度地进行沟通,从而提高成员的工作满意度(李永周,2016)。通过对 XCN 公司质性资料的编码和分析,研究发现领导在实践过程中能够转变旧观念、开拓岗位新视角,设身处地为下属着想,展现出富有"人情味"的沟通,因此,可以总结为"互相理解和有效沟通"。

(5) 给下属留面子。

面子文化是中国传统文化的重要组成部分,在"依存我"的儒家文化影响下,个体通常需要在与他人的交互关系中获得认同、赞赏和尊重来维护或者避免丢失自己的面子,从而进行平衡以获得存在感(魏莉莉,2018)。通过对 XCN 公司领导实践行为的编码和分析,研究发现公司领导在领导过程中能始终对下属展现出和蔼的态度,并且在下属遇到职场困境或挑战时,能设身处地为其"支招",因此,将其总结为"给下属留面子"。

(6) 平等的伙伴关系。

西方文化中的领导—成员关系中更多地表现出公平互惠的特点,而在东方文化中尤其是在我国关系本位的背景下,上下级关系则更多地表现为工作之外的活动,且往往遵循人情原则。上下级关系的质量直接影响到领导者和下属社会交换的结果,在分析 XCN 公司领导实践行为的过程中,研究发现领导对下属展现出一种"家族式"的关怀,并且在下属犯错误或者产生消极情绪时,通常都是对事不对人,表现出对事严苛、对人温暖的行为作风,因此,将其归纳为"平等的伙伴关系"。

3.5.4.2 新生代员工职业韧性的内涵和结构

职业韧性是个体在不确定性和不利情况下的职业生涯过程中，通过自我心理调节暗示和外界因素所展现出的良好应变能力，恢复甚至超越原先的状态，从而获得可持续性发展与成长的能力（London & Noe，1997）。通过对 XCN 公司"90 后"员工工作过程和状态的编码分析，研究发现，具有职业韧性的员工不仅拥有较高的主动性、内控性、成就需要和适应力，还能够包容工作中一定程度的不确定性和模糊性，并能够持之以恒地完成自己的工作。因此，本书研究在伦敦和诺埃（London & Noe，1997）的职业韧性自我效能、冒险和依赖性三个维度的基础上，增加了自我坚持和自我反省两个新的维度，发现 XCN 公司"90 后"员工的职业韧性主要体现在积极主动、自我挑战、认可需要、自我坚持和自我反省五个维度，关于 XCN 公司"90 后"员工职业韧性的主要编码结果分别见表 3 – 14 和图 3 – 15。

表 3 –14　　　　　　　　　　"90 后"员工职业韧性编码

维度	范畴	开放式编码
积极主动	"90 后"员工具有主动性	完成日常工作时，通常不用领导提醒，便能积极主动地完成店长布置的所有工作；及时和店长、副店长等沟通，多请示、早汇报，让领导理解你的想法，并及时修正自己错误的思维
	"90 后"员工具有适应力	努力寻找各方面的师傅，学习弥补自身的不足；始终拥有良好的心态，尽快适应工作环境、人际环境，理性地面对工作初期的乏味；做好时间管理，一些重要且紧急的任务必须立即做
	"90 后"员工具有创造性	积极学习业务知识，打好工作基础，提高知识储备，练好"内功"；突破边界，与高淳陶瓷推出联名款"国宴丹桂瓷盘"；定期更换菜单，陆续推出"润肌肤"等养生菜系
	"90 后"员工具有未来发展方向	实施积分制，只用在文化和素养上，员工每天、每月、每季度文化素养上的提升都会得到嘉奖；店员具有从楼面经理—服务经理—驻店总经理的职业发展路径

续表

维度	范畴	开放式编码
自我挑战	"90后"员工具有自我内在工作标准	微笑、鞠躬、礼貌用语堪称表率,以此赢得顾客和同事好评;用参与度、速度、整齐度、激情度、温度"五度"营造正能量团队氛围
	"90后"员工具有明确的价值追求	人人力争成为"形象大使""爱心天使""五常之星";"选料新鲜、讲究刀工、善用火候、还原本味"的工艺价值理念;"不时不食"的菜谱标准
	"90后"员工愿意尝试各种可能性	研发快于中式快餐半年、中式餐饮快于中央厨房半年、中央厨房快于门店半年;菜品库里,还有员工们研发的整整两千多道菜;接受邀请远赴美国、日本现场表演淮扬菜绝活
认可需要	"90后"员工需要企业的认可	"你有多大的能力,就会给你搭多大的舞台";尊重每位员工的个人兴趣和职业选择,给员工足够"任性"的空间;设置五年长期服务奖、十年长期服务奖,并颁发奖杯,以此来感谢这些与公司奋斗多年的员工
	"90后"员工需要领导的认可	领导乐意花费时间倾听员工的心声,鼓励员工的新想法和活动;营造开放的、信任的、快乐的工作环境;提供员工学习和发展新技能的机会,与其建立合作关系;主动给口头上的肯定,或者也可以通过微信、短信、邮件来表达认可
	"90后"员工需要同事的认可	同事之间不只是停留在表面上的和谐关系;相互尊重、值得信赖、认可彼此的价值和重要性;因工作产生的分歧,坚持就事论事,不再轻易放弃自己的主张;对老同事不可一味迁就或讨好,既尊重年长同事,又尽力保持个性
	"90后"员工需要家人、重要朋友的认可	家人不是授予员工"力量",而是"释放"他们已有的力量;延迟满足,克服当前的困难情境而追寻员工的长远利益
自我坚持	"90后"员工具有稳定的职业方向	能力有限、能量无限、起心动念、决定能量;淮扬菜对于厨师的基本功要求非常高,一个学徒出师往往要好几年;想要做好这一行,需要平心静气、刻苦钻研
	"90后"员工清楚自身的优势和劣势	在原材料的选择方面,根据员工出生地域,扩大食材的选择范围;根据自身年轻人的口味,从较为单一的咸鲜口,逐步增加了酸辣、麻辣、糖醋、椒麻等口味,给予年轻食客多元化的选择
	"90后"员工具有持续的学习能力	一尾松鼠鱼,两千条练就——没有大师,全靠勤学苦练;2019年起举行"匠心厨娘杯"全国淮扬菜大师邀请赛,不仅比色、香、味,更要比创新、比匠心;淮扬菜的发展,需要一批具有匠心精神和职业素养的人来做支撑

续表

维度	范畴	开放式编码
自我反省	"90后"员工具有自我掌控力	认真对待自己正在做的每一件事，并尽可能准时完成；在规定的工作时间里，每日反思自身创造的价值；运用自控力的传染性，通过树立"典型榜样"，激励员工主动实现目标
	"90后"员工情绪稳定且独立	客观认识情绪，每天花一点时间作为旁观者去端详自己的情绪和状态；总结在不同的场合应如何控制自身情绪或者通过其他方式表达自身情感
	"90后"员工面向未来，接受新事物	通过轮岗的方式，鼓励员工跳出自我舒适区，在发展中寻找更适合自己的岗位；"合适"说起来容易，做起来难，难就难在合适永远是动态的；持续地吸收与职业相关的资讯是很重要的
	"90后"员工主动寻求帮助	组织各项活动培养员工的团队意识，让大家真正意识到自己生活在集体中，无论遇到什么身后都有集体；每天和团队领导、同事制定规划，并把当天要做的事情安排好优先次序；保持乐观心态，对当下的或未来的成功做出正面的归因

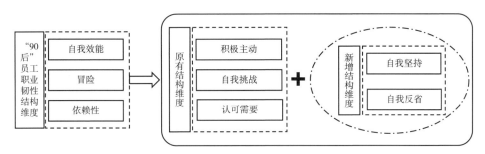

图 3 - 15　"90 后"员工职业韧性结构维度

由表 3 - 14 可见，"90 后"员工职业韧性的自我效能方面主要包括主动性、适应力、创造性和未来发展定向四个理论范畴，概括为"积极主动"。"90 后"员工职业韧性的冒险主要包括具有自我内在工作标准、明确的价值追求、愿意尝试各种可能性三个理论范畴，概括为"自我挑战"。"90 后"员工职业韧性的依赖性主要包括需要来自企业、领导、同事、家人和重要朋友的认可，概括为"认可需要"。"90 后"员工职业韧性在自我坚持方面主要表现为具有稳定的职业方向、清楚自身的优劣势以及持续的学习能力；在自我反省方面可以概括为自我掌控力、情绪稳定且独立、面向未来、主动寻求帮助四个理论范畴。

3.5.4.3 包容性领导对"90后"员工职业韧性的影响路径

根据上述编码结果，本书研究进一步对 XCN 公司的文本资料和访谈材料进行编码与核心关系分析，以期探索包容性领导与"90后"员工职业韧性的关系及其影响路径。

（1）包容性领导对"90后"员工职业韧性的影响。

基于对核心关系的编码，XCN 公司包容性领导对"90后"员工职业韧性的影响路径分别见表 3-15 和图 3-16。

表 3-15   包容性领导对"90后"员工职业韧性的影响路径编码

核心关系	编码
给下属留面子→积极主动	师傅给徒弟留面子，徒弟们会发奋工作，并且"投桃报李"还师傅以"面子"
给下属留面子→自我挑战	下属受到众人误解、遭到非议时，领导力排众议，并给予其机会迎接挑战、实现自我
给下属留面子→认可需要	领导对下属真正地赏识，用自身的言行感染下属，才能得到下属的认同
给下属留面子→自我坚持	在任何场合领导都要考虑到下属的承受能力和人格尊严，从而激发其工作积极性和持久性
给下属留面子→自我反省	领导与下属平等地相处，为其营造积极向上的工作环境，有利于提高各项自我效能
平等的伙伴关系→积极主动	领导真正地尊重下属，尽量采纳其意见中正确的部分，提高工作积极性
平等的伙伴关系→自我挑战	虚心听取下属意见，让其平等地参与到决策中来，从而尝试各种可能性
平等的伙伴关系→认可需要	领导在工作和生活中的各种"细节"之处成为下属的家长和朋友，以获得下属的认可
平等的伙伴关系→自我坚持	当下属受到挫折、萎靡不振时，领导应鼓舞其工作和生活的信心及动力
平等的伙伴关系→自我反省	当下属的思维模式和工作态度出现明显错误时，领导应心平气和地说明道理，促使下属自我反思

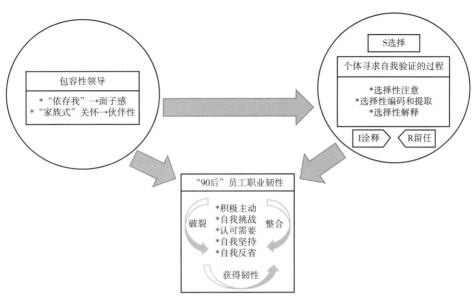

图 3 − 16　自我验证机制的中介作用

从编码分析的结果可见，包容性领导会促使"90 后"员工增强其职业韧性，主要体现在"给下属留面子"和"平等的伙伴关系"这两个层次的包容性领导特质对"90 后"员工职业韧性的影响更加显著。在当今"传统—现代—后现代"的复合时空背景下，一方面，"90 后"员工受中国传统"面子"文化的影响，工作中特别关注自身在领导和同事眼中的"形象"和"位置"（王聪颖等，2021），良好地维持"在别人眼中的面子"可以增强其职业韧性。另一方面，"90 后"员工又接受了部分西方现代文化，在其行为意识中领导和下属之间已不再是"支配—被支配"的关系，而是处在平等地位的合作关系。因此，不同于其他领导方式，包容性领导更能体现出"90 后"员工所渴求的平等伙伴关系，进而可以增强其职业韧性。在访谈中，很多具体案例都体现出包容性领导的"给下属留面子"和"平等的伙伴关系"在一定程度上可以提高"90 后"员工的职业韧性。

典型事例一：餐饮行业中后厨是最辛苦的部门，任劳任怨却常常不受重视。XCN 公司却非常重视后厨建设，常年定期开展烹饪技术班、厨艺大讲堂、厨娘大课堂等,让前厅和后厨并驾齐驱,共同托起品牌建设,这样极大地激发了后厨的工作积极性。

典型事例二:2019 年 1~6 月,XCN 公司工会组织开展"中医健康养生行"活动,共计进店 32 家,主要给员工家人们分享了《突发疾病的急救方法》和《中成药的疗效》,门店参课人数:1079 人次,问诊总数:1044 人次,在中医老师们的问诊和治疗下,员工康复率达到 80% 以上,这种关怀行为使 XCN 公司员工感受到了家人般的温暖,再苦再累也下定决心留在 XCN 公司。

(2) 自我验证机制的中介作用。

研究组通过进一步深入分析资料,发现 XCN 公司包容性领导面子感和伙伴性两个维度的特质会促进"90 后"员工的自我验证过程,进而提升其职业韧性。具体来说,包容性领导的特质主要通过"90 后"员工的认知—动机—行为的自我验证链条进行解释,从而促进其职业韧性的提升,主要编码结果和路径分别见表 3-16 和图 3-17。通过编码结果可见,"90 后"员工希望从领导那里获得与其自我概念相一致的反馈和评价,如果领导能通过"给下属留面子"和"平等的伙伴关系"的方式对待下属,此种方式就和"90 后"员工看待自己的方式相一致。那么,"90 后"员工会倾向于选择此类有利于验证积极自我概念的领导特质进行自我诠释,并做出相应的行动给予维持和保留。

表 3-16   自我验证机制的中介作用编码

核心关系	编码
给下属留面子→选择→诠释→保留→积极主动	师傅给徒弟留面子,徒弟们获得了与其自我概念相一致的反馈,因此会更加发奋工作来维持和保留"面子"
给下属留面子→选择→诠释→保留→自我挑战	下属受到众人误解、遭到非议时,领导力排众议,给予其机会迎接挑战、实现自我,这有利于对积极自我进行诠释,并且通过自我挑战的行动予以证明
给下属留面子→选择→诠释→保留→认可需要	领导对下属真正地赏识,用自身的言行感染下属,这种方式能使得下属获得积极的自我概念,下属则通过认同行为予以维护
给下属留面子→选择→诠释→保留→自我坚持	在任何场合领导都要考虑到下属的承受能力和人格尊严,下属能从中获得与积极自我相一致的验证,从而通过增强工作积极性和持久性来加以维持
给下属留面子→选择→诠释→保留→自我反省	领导与下属平等地相处,为其营造积极向上的工作环境,下属则通过提高各项自我效能的反省动作加以验证

核心关系	编码
平等的伙伴关系→选择→诠释→保留→积极主动	领导真正地尊重下属,尽量采纳其意见中正确的部分,这样能使下属从中获得与积极自我概念相一致的验证,从而通过提高工作积极性来维持
平等的伙伴关系→选择→诠释→保留→自我挑战	虚心听取下属意见,让其平等地参与到决策中来,这有利于进行积极的自我诠释,并通过尝试各种可能性迎接挑战来验证
平等的伙伴关系→选择→诠释→保留→认可需要	领导在工作和生活中的各种"细节"之处成为下属的家长和朋友,获得了与其自我概念相一致的反馈,同时下属通过认可领导来加以维持和证明
平等的伙伴关系→选择→诠释→保留→自我坚持	当下属受到挫折、萎靡不振时,领导鼓舞其工作和生活的信心和动力,下属可以从中寻找到积极的自我,并通过自我坚持加以验证
平等的伙伴关系→选择→诠释→保留→自我反省	当下属的思维模式和工作态度出现明显错误时,领导应心平气和地说明道理,此时下属可以通过自我反思的行动给予维持和保留

研究组在实际调研中发现,包容性领导的相关特质尤其是受中国传统影响的"面子保留观"和受西方现代性、后现代性影响的"平等伙伴关系观"会通过"90 后"员工的 S 选择—I 诠释—R 留任的自我验证机制来提升其职业韧性。

典型事例三:在 XCN 公司针对礼仪素养和仪容仪表两项内容的互检或门店自检中发现严重不符合,明显影响团队品牌形象的,并没有采取通报批评的措施,而是先由检查人提出、告知店总,再由店总与相关人员逐一面谈,员工当日即总结错误原因递交店总。

典型事例四:当接到顾客投诉时,XCN 公司不是将责任直接归咎于被投诉员工,而是认为店总和师傅没有对此员工完全尽责。师傅主动找到该员工谈话,详细询问事发的具体情况,做好详细的应对措施,并陪同其向顾客道歉。事后,总结经验教训之后,还要尽可能恢复员工的自尊心和自信心。

典型事例五:领导是 XCN 公司的"正能量传播大使",首先每天要用微笑、鞠躬、礼貌用语的实际行动为下属做出表率,赢得下属好评;同时,在团队中要做有利于营造正能量团队氛围的事情,用积极的行为或心态影响周边的团队成员，以此建立领导权威。

典型事例六：XCN 公司高管定期给厨师父母亲自打电话，聊家常、送祝福；优秀厨师的父母可享受旅游、礼物等。此外，设立孝心基金，按照厨师工龄长短，定期给家人送去实惠。这些细节，让厨师以"家族式"的规模认可企业，无论精神还是物质，都有强烈的归属感。

（3）未来工作自我的调节作用。

未来工作自我起源于可能自我，施特劳斯等（Strauss et al.，2012）将其引入工作领域，提出了未来工作自我这一概念，并定义为：以未来工作中的特定可能自我，反映了个体有关工作希望和抱负的未来形象表征。并进一步指出，未来工作自我可以分为未来工作自我清晰度和未来工作自我详细度两个关键属性，其中未来工作自我清晰度是个体对于未来工作中的自我清晰感和易于想象的程度，未来工作自我详细度是个体对于未来工作中的自我认知表征的详细和复杂程度。如果个体对于未来工作中的自我清晰度较高，并且能较为详细地认知未来工作的复杂度，那么可能更加关注包容性领导等保护性环境因素对个体应对机制的影响。研究组通过对质性资料的编码分析发现，"90 后"员工对未来工作自我的认同程度会对包容性领导的影响效果产生一定的调节作用。当"90 后"员工具有较高的未来工作自我清晰度和详细度时，包容性领导的相关特质能够给员工的心理和行为带来更为积极的影响，更能从自我验证机制中获得外部世界的预测感和控制感，从而提升员工的职业韧性；而当"90 后"员工具有较低的未来工作自我清晰度和详细度时，包容性领导的相关特质对员工的心理和行为不能带来太大的影响，并不太容易从自我验证机制中获得外部世界的预测感和控制感，因此员工的职业韧性也不会有太大变化。

典型事例七：传菜岗位是后厨离职率较高的岗位之一，原因在于该岗位费体力，学到的东西少，晋升空间小。XCN 公司将传统的体力岗位，升级成"全能型岗位"，传菜部成为"最后一道质检部门"，菜品上桌前，热度、摆盘等出现任何问题，传菜部可以记录并上报。菜品上桌后，传菜生往往会第一时间捕捉到顾客的反应，如果是不良反馈，也可以记录上报。因此，XCN公司的师傅们不仅亲自教授传菜岗员工餐饮中的各项知识和技能，而且还具有清晰、明确的晋升通道（传菜员—后厨管理员—店面管理员—店助—店总），这在一定程度上激发了其自我验证机制，职业韧性也相应地获得提升。

典型事例八：XCN公司推出"合伙人战略"，该制度不仅给团队中的老成员（入职5年以上）发放超出商业范畴的特殊奖励，而且还会用超出常规的利润分配方式激励团队中的新成员。这样既给老成员额外奖励，又给年轻团队成员一个期望和奋斗目标。

3.5.5　研究结论

本书研究在对XCN公司案例资料编码和分析的基础上，描绘出包容性领导影响"90后"员工职业韧性的内在机制（见图3-17），主要研究结论如下所述。

（1）XCN公司的包容性领导模式不仅展现出易接近性、开放性和有效性三个维度，而且新增了面子感和伙伴性两个维度。通过对XCN公司领导实践行为的编码和分析，研究发现，从中国本土文化情境出发，在"90后"员工和领导"共生"视角下，包容性领导的"给下属留面子"和"平等的伙伴关系"的新内涵更富有时代意义。

（2）XCN公司"90后"员工的职业韧性表现为积极主动、自我挑战、认可需要、自我坚持和自我反省五个维度，其中在自我坚持方面主要表现为具有稳定的职业方向、清楚自身的优劣势以及持续的学习能力；在自我反省方面可以概括为自我掌控力、情绪稳定且独立、面向未来、主动寻求帮助四个理论范畴。

（3）包容性领导有利于促进"90后"员工职业韧性的提升，主要体现在"给下属留面子"和"平等的伙伴关系"这两个层次的包容性领导特质对"90后"员工职业韧性的影响更加显著。在当今"传统—现代—后现代"的复合时空背景下,良好地维持"90后"员工"在别人眼中的面子"以及积极地渴求平等的伙伴关系可以增强其职业韧性。

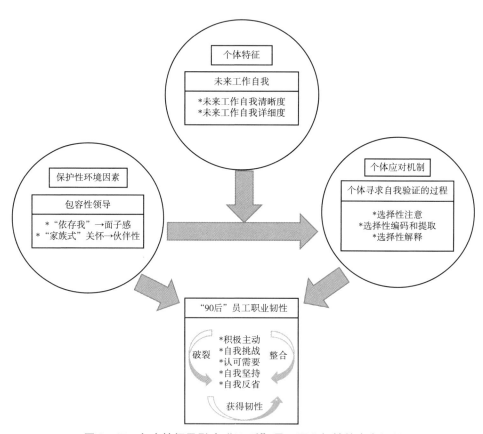

图 3-17　包容性领导影响"90后"员工职业韧性的内在机制

(4) XCN 公司包容性领导的"面子感"和"伙伴性"两个维度的特质会促进"90后"员工通过认知—动机—行为自我验证链条进行解释,从而促进其职业韧性的提升。当"90后"员工对未来工作自我的清晰度和详细度高度认同时会对包容性领导的影响效果产生正向调节作用。

3.6 本章小结

　　本章第一部分对新生代员工和职业韧性相关概念做出了界定。同时，通过跟踪研究选择 XCN 公司为调研企业，基于以下原因：（1）疫情期间和后疫情时代，XCN 公司都展现出良好的企业韧性；（2）餐饮从业人员的年龄分布与本书研究对象"90 后"员工具有很大的契合度；（3）通过进一步深入调研发现，XCN 公司留住并培养了一批勤奋踏实、忠诚敬业的"90 后"员工，可见，XCN 公司员工展现出的职业韧性具有典型性研究意义。然后，分别介绍了 XCN 公司和 XCN 公司金鹰世界店的概况。第二部分为了了解 XCN 公司金鹰世界店新生代员工职业韧性的现状，本书研究采用问卷调查法开展调研。调研采用格里泽达和普林斯（Grzeda & Prince，1997）编制的职业韧性量表，该量表具有良好的信度和效度。经过问卷调研，XCN 公司金鹰世界店新生代员工的职业韧性主要表现为自我调适、自我挑战、职业规划、独立性和自我效能五个韧性因素。第三部分主要运用企业问卷调研方法进一步探究影响 XCN 公司金鹰世界店"90 后"员工职业韧性的各种因素。研究发现，XCN 公司金鹰世界店"90 后"员工职业韧性中的挑战主要包括企业文化、沟通氛围、人际关系、领导的包容性、领导的为人处世、人格特性、应对和归因方式、外部激励和自我激励等。第四部分主要运用企业访谈调研方法深入发掘影响 XCN 公司金鹰世界店"90 后"员工职业韧性的相关影响因素。本书研究通过半结构化访谈，结合 XCN 公司金鹰世界店"90 后"员工的工作实际，进一步探索并验证了新生代员工职业韧性的影响因素，包含专业能力、职业规划、领导方式、发展机会、人际关系、外部激励、内部激励七个分点，概况为个人特征、领导方式、工作环境、价值驱动四个维度。第五部分对上述影响因素中的重要维度领导方式进行深入挖掘，具体来说，主要运用案例研究法探索包容性领导对新生代员工职业韧性的影响机制。研究发现：（1）XCN 公司的包容性领导模式不仅展现出易接近性、开放性和有效性三个维度，而且还新增了面子感和伙伴性两个维度。（2）XCN 公司"90 后"员工的职业韧性表现为积极主动、自我挑战、认可需要、自我坚持和自我反省五个维度，其中在自我坚持方面主要表现为具有稳定的职业方向、清楚自身的优劣势以及持续的学习能力；在自我反省方面可以概括为自我掌控力、情绪稳定且独立、面向未来、主动寻求帮助四个理论范畴。（3）包容性领导有利于促进"90 后"员工职业韧性的提升，主要体现在"给下属留面子"和"平等的伙伴关系"这两个层次的包容性领导特质对"90 后"员工职业韧性的影响更加显著。（4）XCN 公司包容性领导的"面子感"和"伙伴性"两个维度的特质会促使"90 后"员工通过认知—动机—行为自我验证链条进行解释，从而促进其职业韧性的提升。

第 4 章

新生代创业者创业韧性形成机制的质性研究

本章内容分为五个部分：第一部分对新生代创业者和创业韧性相关概念做出了界定。第二部分从创业人格现状、创业文化涵养现状、创业自愈机制现状和创业培育机制现状四个方面对新生代创业者创业韧性现状进行了介绍。第三部分以我国青年创业的主力军大学生创业者为研究对象，以影响其创业机会开发期和成长期创业韧性的因素为切入点，运用扎根理论的研究方法进行深入挖掘创业韧性的新内涵，以及新生代创业者创业韧性的影响因素。第四部分为了探讨归因方式和情境因素对新生代创业者创业韧性的影响机制，本章研究运用了深度访谈和扎根理论法继续进行深入挖掘。第五部分对本章做出小结。

4.1 概念界定

4.1.1 创业韧性

创业韧性（entrepreneurial resilience）是心理韧性在创业领域的延伸，其研究尚处于起步阶段。本书通过第 2 章梳理相关文献，将创业韧性定义为创业者在充满不确定性的创业过程中，面临困难、压力、挑战、危险、失败等不利情境下，仍能通过自我调节和外界帮助展现良好的适应能力，恢复至原先的状态甚至超越自我，从而获得可持续性发展与成长的能力。

4.1.2 新生代创业者

根据《中国青年创业发展报告（2022）》显示①，我国新生代创业者以 22～32 岁的大学生、农民及农民工为主体；其中专科及以上学历的大学生创业者是青年创业的主力，占比超过 80%。为此，此部分研究以我国新生代创业的主力军大学生创业者为研究对象。

4.1.2.1 成长背景

新生代创业者出生后的 20 多年是我国经济快速发展、人民生活水平不断提高、国力日益强盛的时期。在这个过程中，我国发生了很多重大事件，如 1995 年京九铁路全线贯通、1997 年香港回归、2001 年我国加入世界贸易组

---

① 中国青年创业就业基金会与泽平宏观：《中国青年创业发展报告（2022）》，2022 年 11 月 15 日。

织、2003 年神舟五号载人航天飞船发射成功、2008 年举办北京奥运会、2015 年人民币入选 SDR 货币篮子、2016 年杭州开展 G20 峰会、2022 年北京冬奥会等。物质方面，经济的快速发展和人民生活水平的不断提高给新生代创业者带来了良好的生活条件和优质的教育资源。精神方面，我国国力的日益强盛给新生代创业者带来了文化自信。但同时，新生代创业者也深受日韩文化和欧美文化的影响，多元思想、多元文化深刻地影响其成长，使得他们对精神的关注度更高。网络方面，互联网使人们的生活更方便、学习资源更丰富、社交范围更广。互联网在改变整个世界的同时，深刻影响着新生代创业者的成长，他们更习惯于在网络上表达自我、寻求关注和认同、相互交流与合作。

4.1.2.2　个性特点

相较于"70 后""80 后"创业者，出生于我国经济快速发展时期的新生代创业者具有一些明显的特点。

（1）新生代创业者更具灵活、前卫的思维。

新生代创业者出生于我国经济快速发展时期，家庭生活条件相对富足，且父母基本上为"70 后"，文化水平普遍较高，比较重视子女的教育，这些都使得其可以获得更好的资源和更多的机会。作为网络原住民的新生代创业者已将互联网视为一种生活方式，他们习惯于从网络上获取知识和资讯。新生代创业者眼界更加开阔，思维更加灵活、前卫，更喜欢追求时尚潮流，更具创新精神和冒险精神。

（2）新生代创业者更具乐观的生活态度。

我国于 2016 年开放"二孩"政策，因此新生代创业者多为独生子女，优越的物质条件、丰富的教育资源、家庭长辈的关怀和爱护，使得他们更具自信和活力。在竞争激烈的社会环境下成长的新生代，从小就被动地接受竞争意识，更希望获得外界的认可和尊重。当发现自身存在问题时，他们会主动进行分析、修正和完善，从而使得性格上更加自信乐观、生活上更加充满热情。

（3）新生代创业者更具自我中心意识。

新生代创业者身处"传统—现代—后现代"的复合生活背景下，因而呈现出多元价值观取向，既具有个人独立性，又具有集体传统性。一方面，由于深受集体主义文化影响，新生代创业者的家庭和责任意识较强，在学习、工作、生活中非常在意家庭重要成员和周围亲密朋友的态度和看法。另一方面，这一群体也非常注重"自我"和"开心"，在规划个人发展路径时，更倾向于以"我"为核心进行判断，以"开心"为主要评价标准进行选择。

（4）新生代创业者的权威服从性较弱。

新生代创业者倾向于以自我为中心，强调自我的个性和独特性。当发生冲突时，注重坚持自己的立场，重视维护自己的利益，有时还会偏向于某种程度的挑战。与其他年代创业者相比，新生代创业者对老师、领导和长辈等权威的服从性较弱，这一群体往往更愿意独处，乐群性较低。

4.2 新生代创业者创业韧性现状

4.2.1 创业人格现状

（1）创业目标不明确，创业热情被挫伤。

研究发现，处于创业探索期的新生代创业者普遍对创业的认识较为浅显，创业前基本没有深入调查市场，没有做好充分的准备，缺乏必要的综合素质。此外，受制于实践能力薄弱、创业认知不足等原因，新生代创业者往往无法对创业目标、思路、形式、内容等展开理性的甄别与分析，导致"盲目创业"或者"冲动创业"。

（2）缺乏健全的创业人格教育。

新生代创业者处于成年早期，其心理和人格发展还未健全。然而，创业者所拥有的价值观、自我认识、品质和动机等是创业者必须具备的基本素质。现阶段，我国创业人格教育依旧停留在表象层面，主要偏重于创业项目的商业模式和盈利转化过程，比较笼统且不够全面，不利于对创业者内在人格的培养和品质的塑造。

4.2.2 创业文化涵养现状

（1）知识能力储备不足，创业激情被削弱。

根据《全国普通高校本科教育教学质量报告（2020 年度）》显示①，我国大学生毕业后自主创业的职业分布以销售类、制造类、餐饮类和娱乐类为主，鲜有"知识型"和"科技型"的高技术、高附加值的创业模式。高等院校大学生真正接触到商业项目和参与商业活动的机会不多，难以获得切身的创业感受和体验。这在一定程度上会导致其在实操能力和创业实践等方面形成"短板"，进而削弱其融入商业社会的积极性和主动性。

（2）缺乏厚植的创业文化涵养。

我国的大学生创业文化尚处于形成阶段，以培养专业技术型人才为目标的高等院校的创业文化尤其薄弱。由于受传统儒家文化的影响，"学而优则仕""小富则安""铁饭碗"等仍是我国绝大多数家庭教育子女择业的最现实目标，这必然会抑制大学生的创业动力和热情。此外，新生代大学生生活受网络游戏、直播视频、网红打赏等影响较为普遍，对其"创新发展拓荒牛"精神的培养有弊无利。

---

① 教育部：《全国普通高校本科教育教学质量报告（2020 年度）》，2021 年 12 月 17 日。

4.2.3　创业自愈机制现状

（1）创业心态不稳定，创业韧性被消磨。

2015 届江苏高校自主创业的本专科毕业生中，三年后仍坚持自主创业的毕业生仅占 44.8%，比 2014 届低 1.4 个百分点①，这意味着半数以上的高等院校大学生在毕业三年后都放弃了创业。虽然部分创业者创业初期雄心勃勃，但是在创业过程中因缺乏挫折和困难的历练，创业韧性不足，导致其创业初心发生动摇甚至放弃。

（2）缺乏坚实的韧性自愈机制。

83% 以上的高等院校大学生创业者认为，创业的动力主要来源于自我实现和成就感的需要②。创业过程中遇到困难或其他不可控因素时，近半数人会选择放弃。这主要是由于缺少自我调整的创业韧性自愈机制，尤其是当面临重大事件时，个人能力和创业环境均准备不足，导致创业动力消退甚至是归零。

4.2.4　创业培育机制现状

为了鼓励大学生自主创业，国家和地方政府出台了创业培训指导、资金支持、税费减免等一系列创业优惠政策。人社部"2023 年高校毕业生等青年就业创业推进计划"将促进自主创业和灵活就业，支持高校毕业生等群体创办投资少、风险小的创业项目，加强政策咨询、创业指导、资源对接等服务，推动落实创业担保贷款及贴息政策，营造有利于创业创新的良好环境。

但调研发现，相关政策的宣传、落实没有真正到位。此外，现有创业培

---

① 麦可思研究院：《就业蓝皮书：2021 年中国大学生就业报告》，2022 年 6 月 10 日。
② 麦可思研究院：《就业蓝皮书：2022 年中国大学生就业报告》，2023 年 4 月 16 日。

育尚未完全立足于高等院校大学生创业者的实际创业需要，在提供咨询、测评、指导、模拟等方面缺乏互动机制，尤其是在创业实训基地的建设上，更多的只是停留在搭建阶段，实际沟通、实践运行和实质服务等环节相对薄弱。

4.3　新生代创业者创业韧性的影响因素分析

"大众创业、万众创新"是我国经济新常态背景下的一项重大战略部署。尤其是在新冠疫情的冲击下，国家推出四项重磅举措助力就业创业，并于2020 年 7 月 15 日召开国务院常务会议，重点支持高校毕业生等群体就业创业，这些措施极大地激发了广大青年的创业热情。在不断深入贯彻国家创新驱动的发展战略下，涌现出一批成功的青年创业者。据统计，我国青年群体每年选择创业的比例约为 6.3%，但创业平均成功率仅有 2%，即使在创业成功率领先的北京、深圳、上海、杭州等"创业之都"，成功率也只有 4% 左右[1]。可见，创业是一项高风险活动，在创业过程中会遇到各种问题和挑战，新生代创业者必须积极有效地面对和处理困难，以锲而不舍的精神坚持创业才能获得成功（Fatoki，2018）。

研究指出，创业韧性可以很好地解释为何在创业过程中一些创业者能更好地应对各种困难和挑战，坚持创业从而获得成功（Bullough & Renko，2013）。因为创业韧性对个体创业过程和结果的积极作用，新近研究开始考察创业韧性的影响因素及其机理。目前有关创业韧性影响因素的研究成果较少，主要以李和王（Lee & Wang，2017）的创业韧性模型和杜赫克（Duchek，2018）的整合模型为主，包括个人因素、人际关系因素和情境因素三个方面。然而，上述研究都是基于取得杰出成就的创业者传记或者从创业成功的角度

---

① 中国青年创业就业基金会与泽平宏观：《中国青年创业发展报告（2022）》，2022 年 11 月 15 日。

出发分析创业韧性的影响因素,但是现实中大多数创业者特别是新生代创业者并没有取得杰出成就,甚至还有相当高比例的创业者创业失败甚至中途放弃。由此可见,过往研究可能忽视了并未获得创业成功或者取得杰出创业成就的绝大多数新生代创业者群体,而且没有深入探讨此群体创业韧性的影响因素。

为此,本章研究以我国新生代创业的主力军大学生创业者为研究对象,以影响其创业机会开发期和成长期创业韧性的因素为切入点,运用扎根理论的研究方法进行深入挖掘,并在此基础上探讨促使其增强创业韧性行为的外部干预措施,希望对发展创新创业教育的理论和实践都具有一定的促进作用。

4.3.1 理论基础

4.3.1.1 创业韧性及其内容结构

创业韧性来源于心理学领域的韧性一词。韧性是个体在危险环境中能够有效恢复到初始状态,或者能够重新整合后展现更强的心理承受力(Waller,2001)。创业韧性是韧性在创业领域的应用,具有动态构造和形成过程,是可以通过个体后天被培育和发展的(Scherer et al.,2015)。

目前有关创业韧性的概念研究基于两个层面,即微观层面和综合层面。从微观层面,德弗里斯和希尔兹(De Vries & Shields,2006)较早地关注创业韧性的概念,认为它是来源于个体生活经历而非个体的先天特质,是在面对创业不确定性、压力和逆境时的一种有效运作能力。科纳等(Corner et al.,2017)认同上述观点,并将创业韧性定义为创业者遭遇困境仍能够保持相对健康的心理状态和稳定的情绪水平的能力。以上两种定义关注的是个体健康的心理运行机制,与积极心理学的观点保持一致,同时也从来自生活经历的视角表明了创业韧性的可开发性。与微观层面不同,伯格斯特龙和德克

（Bergström & Dekker，2014）从综合层面的视角出发，认为创业韧性是人（微观）、组织（中观）、社会（宏观）和社会—生态（跨维度）等多领域的综合概念。韦尔什（Welsh，2014）认同此观点，并将创业韧性定义为个人、团队、组织、社会、商业/生态系统（子系统）在经历逆境之后的恢复或反弹经历。以上两种定义符合系统观念，但是多层面视角的概念可操作性不强。本书研究基于微观层面概念展开。

在创业韧性的内容结构上，学者们并未达成共识。康纳和戴维森（Connor & Davidson，2003）提出了创业韧性的五维度结构观点，包括：个体能力、毅力和高标准；自信、抗压力和忍受消极影响的能力；积极地接受外界可能的变化和稳定的人际关系；控制力；精神感化。后续海沃德等（Hayward et al.，2010）和赫德纳等（Hedner et al.，2011）的研究也支持了上述观点。余和张（Yu & Zhang，2007）基于中国情境的研究得出创业韧性包含三个维度：镇定力、敏捷度、毅力和控制力；经历失败之后的恢复力；抵御逆境的自信。布昂（Buang，2012）则认为，创业韧性的三个维度分别是自我、情境认知能力和社会关系能力。

4.3.1.2 创业韧性的影响因素

大多数学者认为韧性是个体与外界环境互动的结果，因此，创业韧性的影响因素不仅包括创业者个体内部因素（内因），还包括人际关系因素和环境因素（外因）（见表 4 - 1）。个体内部因素方面主要指创业者个人特征或者特质会对其创业韧性产生影响，具体表现为：（1）自我效能感是个体对自身能否运用所拥有的能力去完成某项任务和行为的自信程度（Bandura，2015）；（2）坚韧力是创业者能够在经历挫折和逆境后继续前行（Markman et al.，2005）；（3）希望是创业者能从过去的经历中恢复过来，重新开始并创造价值（Scherer et al.，2015）；（4）乐观性是创业者善于从积极方面进行归因，并能感知到美好的未来（Hmieleski et al.，2015）；（5）灵活性是创业者在面对急剧变化的外部环境时能够快速适应和调整的能力（Pollack et al.，2012）。另外，还有创业者的情商（Humphrey，2013）、负面情绪的容忍度（Doern，2016）、知识获取（唐静等，2016）、性别（Simmons et al.，2019）、种族（Lugo & Shelton，2017）都会对创业韧性产生影响。

表 4 - 1　　　　　　　　　　创业韧性的影响因素

因素	子因素	具体内容
个体内部因素	创业者特质	自我效能感（Bandura，2015）
		坚韧力（Markman et al.，2005）
		希望（Scherer et al.，2015）
		乐观性（Hmieleski et al.，2015）
		灵活性（Pollack et al.，2012）
		情商（Humphrey，2013）
		负面情绪的容忍度（Doern，2016）
		知识获取（唐静等，2016）
		性别（Simmons et al.，2019）
		种族（Lugo & Shelton，2017）
人际关系因素	正式支持关系	合作者的支持（Bocken，2015）
		员工的激励（Scherer et al.，2015）
		专业群体的帮助（Khelil，2016）
	非正式支持关系	配偶的支持和鼓励（Scherer et al.，2015；Yang & Danes，2015）
		校友网络（Wing-Fai，2016）
环境因素	社会文化	宽容文化氛围（Simmons et al.，2019）
	政府支持	政府或者当地委员会的行动支持、信息、利息减免、贷款优惠等（Doern，2016）
	创业类型	资源型创业者的创业韧性会显著高于知识和风险型的创业者（Sun et al.，2011）

资料来源：笔者根据相关资料整理而成。

人际关系因素方面主要包括正式支持关系和非正式支持关系对创业韧性的影响两个方面。其中，正式支持关系主要指创业者与合作者、员工和其他利益相关群体的关系。合作者的支持（Bocken，2015）、员工的激励（Scherer et al.，2015）和专业群体的帮助（Khelil，2016）都会对创业韧性产生影响。非正式支持关系主要指家人、朋友和邻居对创业者的支持，西方学者认为在这些关系中，配偶的支持和鼓励尤为重要（Scherer et al.，2015；Yang & Danes，2015）。此外，永辉（Wing-Fai，2016）认为，校友网络也是创业韧性的非正式支持关系中非常重要的一部分。

环境因素对创业韧性的影响主要包含社会文化、政府支持和创业类型三个方面。对于失败的宽容文化氛围会鼓励创业者创业或者重新创业（Simmons et al.，2019）；政府或者当地委员会的行动支持、信息、利息减免、贷款优惠等会对创业韧性产生积极影响（Doern，2016）；部分学者认为，资源型创业者的创业韧性会显著高于知识和风险型的创业者（Sun et al.，2011）。

4.3.1.3　现有研究评述

通过文献梳理发现以下三点。

第一，现有创业韧性的研究一般都是基于整个创业群体（张秀娥和李梦莹，2020），没有对其进行细分。如费希尔等（Fisher et al.，2016）通过对215 位各行业的成功创业者样本与非创业者群体的比较，发现创业者群体具有更强的韧性。杜赫克（Duchek，2018）运用传记分析方法对 8 位成功创业者进行韧性研究，发现早期创业活动为其塑造了强大的创业韧性。事实上，新生代创业者的创业活动大多属于成败不确定的起步和初步发展阶段，因此，过去以成功创业者群体作为样本的创业韧性的研究发现和管理启示可能并不适用于新生代创业者群体。

第二，现有研究是集中分析创业韧性对于创业者在创业机会识别期和创业失败期的作用（郝喜玲等，2020）。根据创业领域的典型研究，创业进程可分为机会识别期、机会开发期、企业成长期、企业稳定期四个阶段（Reynolds et al.，2005）。在创业机会开发期和成长期中更加充满着各种不确定性，创业者面对压力、危险、失败和威胁，只有展现出创业韧性才能坚持下来。

第三，现有研究大多是基于西方文化背景（Lee & Wang，2017），在具有"传统—现代—后现代"复合时空的中国背景下（邓丽芳等，2015），中国传统文化、欧美日韩等多元思想同时深刻地影响着新生代创业者的成长历程。中国新生代创业者既具有集体传统性，又具有个人独立性，这种多元价值观取向很可能使其在创业活动中呈现出不同于西方学界的有关创业韧性的研究结果。因此，中国新生代创业者的创业韧性的新内涵是什么？其创业韧性影响因素有何不同？这些问题的本土化研究更有助于总结出具有中国情境特色的创业理论，进一步丰富创业领域的跨文化研究。

4.3.2　研究方法与设计

4.3.2.1　研究方法

扎根理论是一种基于质性资料建构理论模型的研究方法。施特劳斯和科尔宾（Strauss & Corbin，1998）将其定义为通过归纳的方法对现象加以分析整理所得的结果，经由系统化的资料收集与分析而发掘、发展，并已暂时地验证过的理论。资料的收集、整理与分析是一并发生、同时进行、连续循环的过程。因此，通过多次深度访谈生成的大量文本性资料便于运用扎根理论对受访者进行比较、辨析（王璐和高鹏，2010）。本章研究借助扎根理论进行探索性分析，在理论抽样的基础上，通过对资料进行开放式编码、主轴编码、选择性编码来构建出解释青年创业者创业韧性的影响因素模型，并通过对资料和资料之间、理论和理论之间的持续比较分析，直至发展出新的实质理论。

4.3.2.2　研究数据与工具

（1）数据采集。

本章研究试图深入了解新生代创业者创业韧性的新内涵以及影响其创业韧性的相关因素，因此采用深度访谈进行数据收集。访谈是在 2019 年 5～10 月进行的，研究小组采取半结构化访谈，除了按照预先设计好的提纲进行提问之外，还在访谈过程中对一些关键性的问题进行追问（见附录 4）。

考虑到访谈对象创业活动的繁忙，同时也为了逐步拉近与创业者的心理距离，研究组利用创业者的碎片化时间进行了多次访谈。

第一次访谈是开放式的，主要是大概了解创业者的创业过程，以创业者自己讲故事的方式进行，以期达到建立互相信任的轻松氛围。其中特别注意有关成长经历、家庭（父母等）、朋友等的叙述。访谈提纲主要集中于以下问题：①能分享一下您的成长经历吗？②请谈谈您的创业过程。③在创业活动中，您的父母等家人和朋友对您产生过影响吗？

第二次访谈是半开放的，主要围绕在创业机会开发期和成长期内遇到的困难和挑战询问创业者的有关情况，并着重了解是什么因素影响其选择坚持创业而不是中途放弃。访谈提纲主要集中于以下问题：①创业是一种高风险的活动，充满着不确定性，您是怎样克服的？②在克服困难和挑战的过程中，您认为哪些因素会促使您坚持下去而不是放弃？③各因素的重要性如何？您能给这些因素排序吗？

第三次访谈是半开放的，主要是引导创业者对自身的创业韧性进行解释和反思，着重在认知和情感层面对创业者的反应进行探索，试图在创业者的思想、行为和情绪之间建立起联系。访谈提纲主要集中于以下问题：①您在创业的过程中产生过放弃的想法吗？后来又为什么坚持下来了呢？②您对坚持和放弃的想法做过反思吗？如果有的话，是什么？③这种反思会对您以后创业坚持/放弃行为产生影响吗？三次访谈的具体内容如表4-2所示。

表4-2   访谈提纲

序号	模式	目的	具体内容
第一次访谈	开放式	大概了解创业者的创业过程，以创业者自己讲故事的方式进行，以期达到建立互相信任的轻松氛围。其中特别注意有关成长经历、家庭（父母等）、朋友等的叙述	能分享一下您的成长经历吗？
			请谈谈您的创业过程。
			在创业活动中，您的父母等家人和朋友对您产生过影响吗？
第二次访谈	半开放	主要围绕在创业机会开发期和成长期内遇到的困难和挑战询问创业者的有关情况，并着重了解是什么因素影响其选择坚持创业而不是中途放弃	创业是一种高风险的活动，充满着不确定性，您是怎样克服的？
			在克服困难和挑战的过程中，您认为哪些因素会促使您坚持下去而不是放弃？
			各因素的重要性如何？您能给这些因素排序吗？
第三次访谈	半开放	引导创业者对自身的创业韧性进行解释和反思，着重在认知和情感层面对创业者的反应进行探索，试图在创业者的思想、行为和情绪之间建立起联系	您在创业的过程中产生过放弃的想法吗？后来又为什么坚持下来了呢？
			您对坚持和放弃的想法做过反思吗？如果有的话，是什么？
			这种反思会对您以后创业坚持/放弃行为产生影响吗？

（2）理论抽样。

研究选择的受访者来自五所不同类型的高等院校（经济类、交通类、建筑类、艺术类、航空类），根据学生招生与就业中心、双创学院等部门提供的在校大学生和毕业3年内的创业学生名单，并在各所属系部的帮助下，通过电话和微信、QQ等即时沟通方式与创业者取得了联系。同时，研究组选择了不同创业行业、不同创业年限的创业者，从而使样本更具代表性（具体信息见表4-3）。样本数的确定按照理论饱和原则，即抽取样本直至新抽取的样本不再提供新的重要信息（Glaser，1992）。研究组最终共选择了 30 个受访者，并随机平均分成 2 组，其中一组样本作为模型建构使用，另一组作为理论饱和度检验使用。

表 4 – 3   部分访谈成员基本信息

编号	创业者年龄（岁）	创业者性别	创业行业	创业时限（月）	访谈方式	访谈时长（分钟）
1	24	男	航天航空	23	面对面	53
5	26	男	连锁经营	19	网络	47
7	27	女	室内设计	31	电话、网络	81
9	23	男	电子通信	9	面对面	57
12	25	男	物流	28	电话、面对面	65
16	24	女	教育咨询	13	面对面、网络	59
19	22	女	涂鸦装饰	7	电话、网络	62
22	25	男	半导体配件	23	面对面、网络	55
25	24	女	母婴用品	15	电话、面对面	72
29	25	男	学前教育	26	面对面、网络	63

4.3.3 研究数据分析

访谈前，研究组都征得了受访者的同意，对访谈内容进行了录音，并对录音内容进行了初步整理。研究组遵循客观真实的原则，剔除访谈文本中与研究内容无关的内容，然后对剩余内容逐字逐句分解，并运用扎根理论对其进一步分析。提取出屡次出现的、突出的现象，并对这些现象进行意义解释，主要通过开放式编码、主轴编码、选择性编码和理论饱和度检验四个环节完成（Glaser & Strauss，1967）。

4.3.3.1 开放式编码

开放式编码是对原始访谈资料中的句子或片段进行概念化,再以新方式重新组合的过程(陈向明,2000)。编码时,为了保证开放式编码的信度,访谈资料由两位编码员分别登录,尽量使用被访者的原话作为初始概念,登录结束后共同核对结果。对于不一致的情况,两位编码员根据访谈录音材料、文献回顾共同讨论修改。最终研究组得到了 14 条原始语句及相应的初始概念。由于初始概念的数量较多、层次较低,且存在一定程度的交叉,因此通过进一步提炼、聚拢并去除出现频次低于两次的概念,实现概念的范畴化。表 4 - 4 为得到的初始概念和范畴。

表 4 - 4   开放式编码范畴化

编号	原始资料语句	初始概念	范畴
1	A02 记得刚开始创业时,团队的小伙伴们天天外出跑单子,但是连续两个月都没有接到一单	时间	重大事件
	A05 由于我们团队的一个疏忽,造成了很大的损失,这个损失不仅是经济上的,更多的是影响力上的,好多客户知道后都不再与我们合作了	空间	
	A11 我清楚地记得当时我们已经贷不到款了,为了撑过去,我们发起了众筹帮我们创业团队渡过了难关	强度	
2	A02 上大学时我就一直在琢磨创业点子,我觉得创业能够给自己带来成功的感觉	成就感	自我创业期望
	A05 我不太喜欢被老板或领导约束,我十分向往富有创造性的工作,哪怕自己创业累点也没关系	创造性	
	A07 从小我就喜欢独立地完成老师布置的作业或者父母交代给我做的事情,这种习惯一直保持到现在	独立性	
	A09 大专毕业后找工作时,我推掉了几份待遇不错的工作,最终选择了自己创业	自我价值	
	A11 现在我选择了自己创业,因为我还是希望工作能具有一定的趣味和刺激	刺激性	

编号	原始资料语句	初始概念	范畴
3	A01 自从我开始创业之后，我的收入就不太稳定，对于这一点我父母还是挺介意的	收入	重要他人创业期望
	A15 我的父亲就是传统渔民创业的，为了支持他的事业，我母亲跟着吃了很多苦，这些我从小到大都看在眼里，我知道他们内心希望我能创业成功	成功	
	A27 作为一名"95 后"，从小也没吃过什么苦，我爸妈看到我创业这么辛苦，也很心疼，有时就会忍不住唠叨几句，希望我还是找个稳定的工作	比较	
4	A03 刚开始创业时感觉还是好的，但是后来经过一些事情后，仿佛迷失了方向，越发感觉对前途很迷茫	迷茫	现实创业状况
	A08 创业很长一段时间后，还是发觉自己好像很难真正融入进去，有时真不知道自己应该干些什么	难以进入角色	
	A10 刚开始创业时，当我有新的点子时，我总是积极地行动起来，渐渐地我发现与各个部门打交道是个十分复杂的任务	难以处理复杂的人际关系	
5	A05 如果当时在创业时我能多招聘几个能干的技术人员，在技术环节多投资一点，也许我就不会那么快失败了	上行反事实思维	上行反事实思维
6	A11 要不是政府的支持、父母亲人的帮助和鼓励，我根本撑不到现在，可能早就干不下去了	下行反事实思维	下行反事实思维
7	A19 作为我们家族企业的一员，我自小就有一种强烈的家族使命感和责任感，回忆父辈创业时的艰难，我现在的困难真的不算什么，我一定要坚持下去	责任动机	责任动机
8	A23 从小我就被灌输了很多竞争意识，我爸妈经常说不能输在起跑线上，所以给我报了好多辅导班、兴趣班，我希望通过创业成功超越自我	自我实现动机	自我实现动机
9	A01 我创业前后加起来有近三年了，我越来越发现自己在好多方面都是十分欠缺的，各方面能力都需要提高	自身能力不足	内部归因
	A04 开始创业以来，我就一直"守着"这个小小的奶茶店，觉得自己没什么发展，心里有时很恍惚	发展空间不足	
	A06 记得刚开始创业的一个月里，那是 24 小时连轴转，自己都不知道哪里来的这股干劲，后来这股子劲头越来越少	创业热情不够持久	
	A12 我当时对自己的创业项目特别自信，现在想起来真是有点盲目乐观	过度自信	
	A08 理想是美好的，现实是骨感的，在我创业的这 2 年多时间里，几乎每天都会遇到各种各样的问题，有时真是觉得分身无术	畏难情绪	

编号	原始资料语句	初始概念	范畴
10	A03 刚开始创业时我获得了 20 万元的低利率贷款，后来我想进一步投资购入设备时，就发现资金缺口很大了	资金不足	外部归因
	A06 我的父母都是普通的上班族，本来存的钱是给我买房时用的，当时全部支持我创业了	财务压力较大	
	A09 虽然现在整个社会的创业氛围是很好的，但是还是有部分个体和企业对大学生创业是存在偏见的，认为我们都不太"靠谱"	部分社会偏见	
11	A19 我的小伙伴们自发拿出积蓄垫资接单，后来由于特殊情况，没有收到全部应收款，他们也都没有怨言，而是默默继续努力创业	包容文化	包容文化
12	A2 现在政府都大力鼓励我们大学生创业，出台了好多优惠政策，银行贷款方面也很便利，爸爸常说现在比他当年创业时的政策好太多了，要我把握机会，好好珍惜	政府支持	政府支持
13	A17 开始创业之前我和父母商量过了，父母让我自己做决定，他们真的很支持我，无论从经济上和精神上都给我很大的帮助	家庭支持	家庭支持
14	A3 创业这么长时间，并且能坚持下来，我认为一个最重要的关键点就是：你要摆正心态，遇到困难很正常，不创业也会遇到困难，关键要敢于面对和接受	面对	创业韧性
	A7 创业之前咱们就要做好心理准备，要明白创业之路不可能是一帆风顺的，总会遇到各种意想不到的问题	适应	
	A11 每当遇到困难时，我都会以积极的心态面对，坚信方法总比困难多，你遇到过的 99% 的问题，同样有人遇到并且很好地解决了，只是你暂时没有找到方法	应对	
	A14 创业过程中，创业者的"精气神"特别重要。光有激情是不行的，必须坚定自己的信念和目标，并且是理性的、持久的热情	热情	
	A17 想到方法立即去执行验证，很多问题都是在执行过程中找到灵感而解决的。哪怕这个方法失败了，没关系，再来！	自我调整	
	A19 无论问题有没有解决，或者解决的结果是否理想，作为创业者，我每次都会聚焦、深度分析，找到问题的本质	反思	

4.3.3.2 主轴编码

主轴编码通过分析发现，开放式编码中得到的各个范畴在概念层次上确实存在内在联系，并根据不同范畴之间的因果关系和逻辑次序进行重新归类，其目的就是分类、综合和组织大量的数据，在开放编码之后以新的方式重新排列（Creswell，1998）。开放编码把数据分裂成不同等级和类型的代码，而主轴编码则把数据再次恢复为连贯的整体，并回答"哪里、为什么、谁、怎样以及结果如何"这些问题（Strauss & Corbin，1998）。通过对 13 个初始范畴进行主轴编码，共获得 7 个主范畴（见表 4 - 5）。

表 4 - 5　　　　　　　　　　　　主轴编码形成的主范畴

类别	主范畴	对应范畴	范畴的内涵
1	重要事件的影响	重要事件（时间、空间、强度）	新生代创业者在创业的过程中，会经历一些关键事件，这些重大事件通过与外部环境的交互作用对创业者和企业都会产生影响。其影响程度包括事件发生的时间（时机和时长）、空间（扩散程度）、强度（关键性和颠覆性）
2	创业期望的形成	自我创业期望、重要他人创业期望	新生代创业者希望从事具有成就感、创造性、独立性、刺激性并且能够实现自我价值的创业活动（"自我创业期望"），长期以来父母等重要他人对其创业观念形成了很深的影响（"重要他人创业期望"），他们希望通过从事符合自我期望和重要他人期望的创业活动来保持自尊（"自尊"）并获得肯定和认可（"重要他人认可""自我认可"）
3	自我感知到的现实创业状况	现实创业状况	新生代创业者自我感知到的现实创业状况却是：迷茫、难以进入角色、难以处理复杂人际关系，这些导致其感觉不能得到自我和重要他人的认可
4	思维方式	上行反事实思维、下行反事实思维	如果新生代创业者对于已发生的关键事件，假设一种比事实更好的结果，则具备上行反事实思维；若假设一种比事实可能更差的结果，则具备下行反事实思维
5	动机的形成	责任动机、自我实现动机	创业中关键事件的发生会对创业者造成影响，新生代创业者通过创业期望比较（自我创业期望和现实创业状况、重要他人创业期望和现实创业状况）和不同的思维方式（上行反事实思维和下行反事实思维）激活动机反应机制（责任动机和自我实现动机）
6	内外部情境因素	内部归因、外部归因、包容文化、政府支持、家庭支持	一方面，新生代创业者会将创业活动中的重大事件归咎于内部和外部两个方面，内部归因主要是自身能力不足、发展空间不够、创业热情不能够持久、过度自信和畏难情绪；外部归因主要是资金不足、财务压力过大和部分社会偏见。另一方面，包容文化、政府支持和家庭支持等情境因素也会对其创业动机的激活和构建产生影响

续表

类别	主范畴	对应范畴	范畴的内涵
7	动态能力的形成	重要事件的影响、创业期望的形成、自我感知到的现实创业状况、思维方式、动机的形成、内外部情境因素	在新生代创业者的创业活动中,会经历一些重大事件,这些事件在时间、空间和强度方面都会对创业者产生影响。新生代创业者通过比较机制和思维方式激活动机,形成责任动机和自我实现动机,从而形成动态的创业韧性能力(面对、适应、应对、热情、自我调整和反思),归因方式(内部归因和外部归因)和情境因素(包容文化、政府支持和家庭支持)会起到影响作用

4.3.3.3 选择性编码

选择性编码是在主轴编码的基础上,挖掘出核心范畴,并分析初始范畴、主范畴和核心范畴之间的联系,然后通过故事线的形式呈现出来(陈向明,2000)。随着核心范畴被分析出来,理论便自然向前发展了,本章研究主范畴的故事线如表4-6所示。

表4-6 　　　　　　　　　　　主范畴的典型关系结构

主范畴	重大事件激活阶段	动机形成阶段	动态能力形成阶段
内涵	在创业的过程中,新生代创业者会经历一些关键事件,并通过与外部环境的交互作用对创业者和企业都会产生影响。其影响程度包括事件发生的时间、空间和强度。青年创业者继而通过创业期望比较(自我创业期望和现实创业状况、重要他人创业期望和现实创业状况)和不同的思维方式(上行反事实思维和下行反事实思维)进入激活阶段	新生代创业者经过上述比较后,若发现创业现实高或符合期望,并运用下行反事实思维方式,则不会进一步构建创业动机机制;若创业现实低于期望,则会进一步启动创业动力机制(责任动机和自我实现动机)	新生代创业者在创业活动中通过比较机制和思维方式激活动机,形成责任动机和自我实现动机,从而形成动态的创业韧性能力(适应、应对和超越),归因方式(内部归因和外部归因)和情境因素(包容文化、政府支持和家庭支持)等情境因素都会产生作用

基于以上典型关系结构，进一步总结出新生代创业者创业韧性这一核心范畴，并以此为基础构建和发展出"新生代创业者创业韧性的影响因素模型"，如图 4-1 所示。

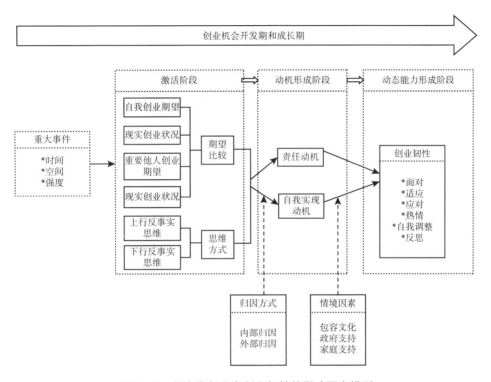

图 4-1 新生代创业者创业韧性的影响因素模型

4.3.3.4 理论饱和度检验

通过对另一组样本的编码分析，进一步进行饱和度检验。检验结果表明，理论模型中的概念范畴已发展完备，除了影响新生代创业者创业韧性的 7 个主范畴之外，并没有发现新的范畴和关系，访谈记录仍然反映"新生代创业者创业韧性的影响因素模型"的脉络和因果关系。因此，可以认为上述理论模型是饱和的（Glaser，1992）。

4.3.4　模型阐述和研究发现

上述构建的"重大事件—激活—动机—动态能力"的新生代创业者创业韧性的影响因素模型，具体来说就是在新生代创业者创业机会开发期和成长期，会经历一些重要事件，这些事件在时间、空间和强度方面都会对创业者产生影响。新生代创业者通过比较机制和思维方式激活动机，形成责任动机和自我实现动机，从而形成动态的创业韧性能力（适应、应对和超越），归因方式（内部归因和外部归因）和情境因素（包容文化、政府支持和家庭支持）会起到调节作用。这个过程符合事件系统理论的架构，该理论认为，事件与外部环境的交互作用会对组织和个体的发展均产生重要影响，其中事件发生的时间、空间以及事件强度（包括事件的新颖性、颠覆性和关键性）决定了事件的影响程度（Morgeson et al.，2015），这为从创业过程中的重要事件角度观察创业韧性提供了重要的理论基础。下面将进一步对新生代创业者创业韧性的影响因素模型进行阐释，并总结相应的研究结论。

4.3.4.1　模型阐述理论

（1）事件系统理论。

组织是具备动态属性的实体，这种动态属性在于组织本身及其所处情境的动态性，其所处情境中的事件已经成为一个独特的管理学研究领域（Johns，2017）。传统的组织科学领域多从变异导向视角，探究给定实体（如个体、团队和组织）的内部稳定特征的相关性及如何影响结果变量。变异导向过于"向内"，着重关注内部稳定特征，而缺乏对外在动态事件的关注，相应地，事件对个体的作用机制研究也处于相对空白的状态。为了转向更面向事件的视角，摩根森等（Morgeson et al.，2015）联结并拓展了变异导向理论（variance-oriented theories）和过程导向理论（process-oriented theories）发展了事件系统理论（event system theory，EST）。

事件系统理论（EST）从时间、空间和强度三个要素出发，将事件定义为在情境中具有时间和空间界限的、多个实体间的相互作用，能够中断组织常规以及促进信息控制流程（Morgeson et al.，2015），并阐释了事件强度作用于实体的行为及特征的具体路径（见图 4 – 2）。

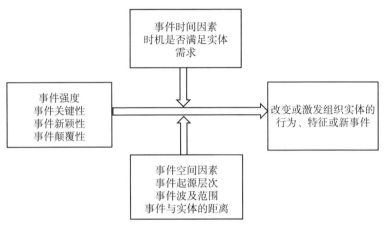

图 4 – 2　事件系统理论模型

资料来源：Morgeson，F. P. Mitchell，T. R. & Liu，D. Event system theory：An event-oriented approach to the organizational sciences ［J］. Academy of Management Review，2015，40（4）：515 –537.

事件强度属性包含了事件关键性、事件新颖性和事件颠覆性。事件新颖性反映了事件当前和过去行为、特征或事件在多大程度上是不同的（Lee & Mitchell，1994；Morgeson，2005），事件越新颖、不同，就越能引起实体的重视和信息加工的侧重。事件颠覆性反映了环境的不连续性对事件的颠覆和常规的扰乱程度；常规情境的偏离程度决定了实体应该如何调整信息加工方法和行为模式。事件关键性反映了事件在多大程度上需要实体优先关注；关键性越强的事件就需要实体调配更多的资源并给予更多的关注。很显然，事件强度中的每个属性都可以独立作用，每件事件的新颖性、颠覆性、关键性所占比例是不同的，因此不同程度的属性组合形成了事件的不同强度。

除了强度，事件系统理论（EST）在衡量事件的冲击力和影响结果时，还考虑了时间、空间两个要素。在事件强度给定的条件下,事件发生的时间节点越能满足实体的需要(事件时机)、持续时间越久(事件时长)、在实体越高层次(事件起源)发生、实体波及范围更广泛(事件扩散)、距离实体越近(事件距离),就越能对实体产生更深层次的影响,越能改变或创造实体的特征、行为和事件。

(2)自我差异理论。

希金斯(Higgins,1987)吸收了前人有关自我概念中的差异、不平衡和情绪障碍等观点,首次系统性地提出了自我差异理论(self-discrepancy theory)。希金斯(1987)从自我领域和自我立场两种认知维度来构建自我差异理论。自我领域包括现实自我(actual self)、理想自我(ideal self)和应该自我(ought self)。现实自我是指个体或重要他人认为个体真正拥有的品质;理想自我是指个体或重要他人希望个体拥有的品质,如对个体的期望、愿望;应该自我是指个体或重要他人认为个体应该拥有的品质,如责任、义务。自我立场是指反映了一系列态度和价值倾向的认知主体,认知主体根据其态度和价值倾向对个体做出判断、评价。存在两种基本的自我立场,即个体本人的立场和重要他人(父母、同胞、亲密朋友等)的立场。

自我领域和自我立场相互结合共产生六种基本的自我状态表征(见表4-7):本人的现实自我、他人的现实自我、本人的理想自我、他人的理想自我、本人的应该自我、他人的应该自我。前两种自我状态表征是典型的自我概念,而后四种自我状态表征代表着自我评价标准(self-guide)。

表4-7 六种基本的自我状态表征

自我立场	自我领域		
	现实自我	理想自我	应该自我
个体本人立场	本人现实自我	本人理想自我	本人应该自我
重要他人立场	他人现实自我	他人理想自我	他人应该自我

现实自我与理想自我、应该自我之间的差异构成了个体不同类型的自我差异,这些差异代表着与特殊的情绪、情境动机相连的特定负性心理状态(见图 4 - 3)。通常存在两种基本的负性心理状态:第一种是积极结果(事实的或希望中的)缺失,并伴随有与沮丧相关的情绪体验;第二种是消极结果(事实的或希望中的)存在,并伴随有与焦虑相关的情绪体验。不同负性心理状态的关系类型如下所述。

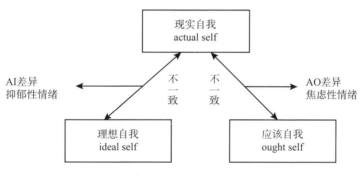

图 4 - 3 希金斯(1987)自我差异理论

资料来源:Higgins, E. T. Self-discrepancy:A theory relating self and affect [J]. Psychological Review, 1987(3):319 - 340.

① 现实自我——本人理想自我差异。这种差异使得个体确信自己当前的现实品质不符合理想自我希望自己拥有的品质。这种差异是积极结果缺失的一般心理状态表征,个体极易产生与沮丧有关的情绪反应。当个体确信自己的行为无法实现时,会感到失望、不满。因此,这种差异的动机性质与未实现愿望的挫折感有关。

② 现实自我——他人理想自我差异。这种差异使得个体确信自己当前的现实品质与重要他人希望个体拥有的品质不相符。这种差异也是积极结果缺失的一般心理状态表征。个体极易产生与沮丧相关的情绪反应。个体确信自己不能实现重要他人的希望,重要他人会对自己失望、不满。因此,个体会

感到羞耻、窘迫、萎靡不振，这种差异的动机性质与关注失去重要他人的尊重和关爱有关。

③ 现实自我——本人应该自我差异。这种差异使得个体确信自己当前的品质不符合个体履行义务、责任应该拥有的品质。这种差异是消极结果存在的一般心理状态表征，个体极易产生与焦虑相关的情绪。个体确信自己违背了道德标准，感到内疚、自轻、不安，这种差异的动机性质与道德薄弱的知觉有关。

④ 现实自我——他人应该自我差异。这种差异使得个体确信自己当前的品质与重要他人认为个体履行责任、义务应该拥有的品质不相符。这种差异是消极结果呈现的一般心理状态表征，个体极易产生与焦虑相关的情绪。个体确信自己不具备重要他人认为自己应该拥有的品质，感到害怕、受到威胁，这种差异的动机性质与怨恨的知觉有关。

（3）场理论。

勒温（Lewin，1938）在其著名的场理论中指出，心理紧张系统是从概念的水平上对人的行为根源所进行的动力分析，其中紧张和需求是两个最基本的术语。勒温指出，只要在一个人的内部存在一种心理的需求，就会存在一种处于紧张状态的系统。紧张（tension）的释放为心理活动和行为提供动力和能量，从而构成了决定人的心理活动和行为表现的潜在因素。在勒温看来，紧张必然要有其确定的目标，这种目标既可以是主观的，也可以是客观的，但一定是个体当时在心理上所感知的，或当时对个体发生实际影响的。勒温用"准需求"一词来强调这种心理上的认知意义，一种目的或意向往往是一种准需求，例如要完成一件工作或要考入某所大学等。不管是真正的需求（如饥渴等生理需求）还是准需求，都会突破原有的心理平衡，而引起一定的心理紧张。

在场理论中，行为或心理活动的目标也具有一种力，勒温称之为引拒值（valence）。正的引拒值具有吸引力，负的引拒值具有排拒力，所以人的行为不仅是由于内在需求和紧张的推动，还由于目标本身的吸引（或排拒）。需求的强度增加，与该需求有关的目标的引拒值也会增加，而引拒值的增加，又会反过来影响需求的强度。正如一个人越是饥饿，食物对他的吸引力便越大；食物的吸引力越大，人的内在的求食愿望便越强。在勒温的心理学思想中，人与环境是密切相关的，心理紧张系统便包括了这种人与环境的关系，包括了紧张与目标的相互作用。

因此，要了解人类的行为，必须考虑行为发生的情景，人（P）和环境（E）构成一种生活空间，代表了各种可能的全体，而人只不过是一个生活空间的变异区域。行为是生活空间的函数，个体的行为是其与所处环境交互作用的函数，用公式表示为：$B = f(P, E)$，从中可见，环境氛围和成员个体一起相互作用从而影响个体的行为，这也成为组织氛围研究中坚实的理论基础。

4.3.4.2　新生代创业者创业韧性的内涵和结构

创业韧性是创业者在充满不确定性的创业过程中，面临困难、压力、挑战、危险、失败等不利情境下，仍能通过自我调节和外界帮助展现良好的适应能力，恢复至原先的状态甚至超越自我，从而获得可持续性发展与成长的能力。通过对新生代创业者创业过程和状态的编码分析，研究发现，具有创业韧性的新生代创业者不仅具有较高的适应能力和应对能力，还拥有面对接受能力，同时在整个创业的过程中，一直充满热情，不断进行自我调整和反思。因此，本章研究在康纳和戴维森（Conner & Davidson，2003）的创业韧性个人能力、自信、接受变化、控制和精神感化五个维度的基础上，增加了面对、热情和反思三个新的维度。新生代创业者创业韧性的面对能力主要包括正面思考、自然接受和勇于承担；在热情维度方面可以概括为目标导向、专注、分享与影响；在反思维度方面主要表现为理性思路和深度总结。

4.3.4.3　重大事件（时间、空间、强度）→新生代创业者创业韧性

从访谈中不难发现，在新生代创业者创业机会开发期和成长期中，一些

关键性的重大事件会对其创业过程产生影响。

首先，受访者普遍认为，事件发生的时间点很重要，例如刚创立企业不久、企业资金周转最困难的时候、销售旺季和淡季等。事件持续的时间长度也会产生作用，比如突发事件和公共危机等。其次，事件发生在企业内部或者外部、扩散的幅度大小也会影响创业者，例如受访者认为，虽然有些事件发生在企业外部，但是扩散的范围很广，也会对创业企业产生深远的影响。再次，是否是关键性事件也会对创业者起到作用，访谈中虽然每个受访者对于关键性事件的定义不同，但是都是围绕事件是否是企业优先需要解决的、是否会对企业产生显著的影响这些方面来考虑的。以上发现与摩根森和德鲁埃（Morgeson & DeRue，2006）提出的事件系统理论基本一致，该理论认为，事件对于组织和个体的发展均有重要影响，其中事件发生的时间、空间以及事件强度决定了事件的影响程度。

4.3.4.4 激活阶段：比较机制和思维方式→责任动机和自我实现动机

新生代创业者出生于我国经济快速发展时期，具有前卫思维、乐观态度、自我为中心、不服从权威的个性特点（王萌，2018），在创业活动中更加注重追求成就感、创造性、独立性、刺激性和自我价值。访谈中发现，具有"传统性—现代性—后现代性"价值观的新生代创业者，在创业活动中往往把自我创业期望和现实创业状况不断进行比较并发现差距。同时，为了满足父母等重要他人对自身创业的期望，也常常把重要他人创业期望和现实创业状况相比较。当现实创业状况低于自我创业期望和重要他人创业期望时，新生代创业者经历重大事件时就会激活比较机制；而当高于期望时，则不会启动激活机制。这一过程证实了希金斯（1987）的自我差异理论，该理论认为，当个体认为自己当前的现实品质不符合个体理想自我状态时或者与重要他人希望个体拥有的品质不相符时，都会产生失望、不满、沮丧等消极情绪，个体此时会做出努力改变现状。

　　访谈中研究组发现，新生代创业者面对创业机会开发期和成长期发生的关键性重大事件具有不同的思维方式。当重大事件给新生代创业者带来困难和挑战时，一部分创业者倾向于积极地关注和搜寻有关信息、对比可能的"行为—结果"方案，重新建构过去以便能更好地理解现在的创业处境，并且对以前的举措进行重新演练和反思，同时也为未来创业寻找出路。另一部分创业者在处理重大事件带来的困难和挑战时，则倾向于调整自己的创业预期使自己满意。这符合卡尼曼和特维斯基（Kahneman & Tversky，1982）提出的反事实思维方式，该理论认为，个体会在头脑中撤销已经发生的事情，然后设想如果采取不同的做法，同时处在不同的事发环境之中，可能会出现不同的结果。根据反事实思维发生的方向不同，可以划分为上行反事实思维和下行反事实思维，上行反事实思维是个体对于已经发生的事件，设想如果满足某种条件就可能会产生比现在的结果更好的情况；下行反事实思维是个体对于已经发生的事件，会倾向于设想一种比事实可能更坏的结果（高红梅等，2013）。

　　研究组从访谈中了解到，身处"传统—现代—后现代"复合时空背景下新生代创业者具有多元化的价值观。既具有成就动机的现代价值观和追求幸福价值的后现代价值观，又具有尊崇传统和规范的传统价值观（魏莉莉，2018）。因此，重大事件会对新生代创业者产生影响，并通过比较机制和思维方式激活其动机机制。具体来说，当新生代创业者通过自我创业期望和现实创业状况、重要他人创业期望和现实创业状况的比较后，若发现自我创业期望高于现实创业状况，或者重要他人创业期望高于现实创业状况，并倾向于运用上行反事实思维构建解释机制，进而启动创业责任动机和自我实现动机机制。若发现自我创业期望低于现实创业状况，或者重要他人创业期望低于现实创业状况，则会倾向于运用下行反事实思维建构解释机制，不会进一步启动创业动机机制。这符合罗纳德（Ronald，2013）提出的社会转型理论，该理论指出，社会正向"传统—现代—后现代"发展，而在不同的社会体系中，社会目标和个人价值观也存在明显的差异。由于我国社会经济发展水平存在差异性和不均衡性，很多中外学者认为我国社会处于一种"复合状态"，即呈现出传统价值观、现代价值观和后现代价值观并存的现状（张印轩等，2020）。

4.3.4.5 动态能力形成阶段：动机→动态创业韧性能力（适应、应对和超越）

当新生代创业者在创业活动中经历重大事件后，不同的比较机制和思维方式激活会影响其是否启动动机机制。通过自我创业期望和现实创业状况、重要他人创业期望和现实创业状况的比较后，若发现自我创业期望高于现实创业状况，或者重要他人创业期望高于现实创业状况，则倾向于运用上行反事实思维构建解释机制，并启动创业责任动机和自我实现动机机制，进而形成创业韧性能力（适应、应对和超越）。其中，新生代创业者的归因方式和情境因素会起到调节作用，具体来说，如果其倾向于内部归因方式，则会更快启动创业动力机制，从而形成创业韧性；如果周遭环境更多呈现包容文化、获得政府支持和家庭支持也会加速构建创业动力机制，进而形成创业韧性。这符合勒温（Lewin，1938）提出的场理论，该理论指出，个体的行为是其与所处环境交互作用的函数，个体与环境构成一种生活空间，行为是生活空间的函数。

4.3.5 研究结论

本章研究通过扎根理论的研究方法对30个新生代创业大学生在创业机会开发期和成长期内创业韧性动态能力的内涵和影响因素进行了探索性研究。研究遵循格拉泽和施特劳斯（Glaser & Strauss，1967）的三步编码法。

首先，通过开放式编码得到14条原始语句及相应的初始概念，包括"重大事件""自我创业期望""重要他人创业期望""现实创业状况""上行反事实思维""下行反事实思维""责任动机""自我实现动机""内部归因""外部归因""包容文化""政府支持""家庭支持""创业韧性"。

其次，对 13 个初始范畴进行主轴编码后获得 7 个主范畴，包括"重要事件的影响""创业期望的形成""自我感知到的现实创业状况""思维方式""动机的形成""调节方式""动态能力的形成"。

再其次，通过对新生代创业者创业过程和状态的编码分析，研究发现，具有创业韧性的新生代创业者不仅具有较高的适应能力和应对能力，还拥有面对接受能力，同时在整个创业的过程中，一直充满热情，不断进行自我调整和反思。因此，本章研究在康纳和戴维森（Connor & Davidson，2003）的创业韧性个人能力、自信、接受变化、控制和精神感化五个维度的基础上，增加了面对、热情和反思三个新的维度。

最后，在主轴编码的基础上挖掘出主范畴的故事线，包括"重大事件激活阶段""动机形成阶段""动态能力形成阶段"三个阶段，进一步总结出新生代创业者创业韧性这一核心范畴，并以此为基础构建和发展出"新生代创业者创业韧性的影响因素模型"。具体来说，研究发现新生代创业者在创业机会开发期和成长期内的活动中经历重大事件后，会通过比较机制和思维方式激活动机，启动责任动机和自我实现动机，从而形成动态的创业韧性能力（适应、应对和超越），归因方式（内部归因和外部归因）和情境因素（包容文化、政府支持和家庭支持）会起到调节作用。因而，对中国情境下的创新创业教育的理论和实践都具有一定的指导意义。

4.4 团队凝聚力影响新生代创业者创业韧性的扎根研究

在上述新生代创业者创业韧性影响因素的研究中发现，在创业韧性的激活阶段，新生代创业者容易产生比较机制和思维方式，进而表现出责任动机和自我实现动机。在这一过程中，归因方式（内部归因和外部归因）和情境因素（包容文化、政府支持和家庭支持）会起到调节作用。因此，为了探讨归因方式和情境因素对新生代创业者创业韧性的影响机制，本章研究运用了深度访谈和扎根理论法继续进行深入挖掘。

大学生创业是以在校大学生和毕业大学生的特殊群体为主体的创业过程。为了全面实现"十四五"规划和 2035 年远景目标，国家提出了强化就业优先政策，完善促进创业带动就业、多渠道灵活就业的保障制度，同时"畅通国内大循环，促进国内国际双循环"的大背景，也为大学生创业带来了新的机遇。一方面，创业是一项高风险活动，环境的不确定性、资源的稀缺性、信息的真伪性等现实因素使得高校大学生个体创业往往比较困难（徐勇和郑鸿，2015）；另一方面，团队具有明确的目标、灵活的组织结构以及高效的成员协作方式，这就使得风险共担、资源互补、信息共享的团队模式成为大学生创业的重要形式（纪巍和毛文娟，2016）。

团队凝聚力不仅是大学生创业团队存在的基础，也是其实现团队目标、提升团队功能的保证。良好的团队凝聚力有利于培养创业团队成员的创新思维，激发其潜能，促进高绩效的团队成果产出。当今，创业团队凝聚力不足是大学生创业失败的一个重要原因（林海芬等，2019），当创业团队遇到困难时，成员往往对团队目标缺乏共同认识而导致团队解散；而当创业团队获得成功时，成员又会因利益分配不均而难以继续维系合作，"不能同甘也不能共苦"使得大部分大学生创业团队在其合作的前期就发生决裂甚至解散。为此，本章研究以我国创新创业的主力军大学生创业团队的团队凝聚力为研究对象，以影响团队韧性的因素为切入点，通过扎根理论的研究方法进行深入挖掘，并在此基础上探讨促使其通过增强创业团队凝聚力以提高创业者韧性的外部干预措施，以促进创新与创业管理的理论和实践工作。

4.4.1 理论基础

4.4.1.1 团队凝聚力的内涵

团队凝聚力（team cohesion）源于群体动力学，勒温（Lewin，1938）于20 世纪 30 年代首次提出并运用到体育团体动力的研究当中。总体来说，团队凝聚力主要分为力量观、吸引力观和目标观三种类型，其中力量观学者强调团队凝聚力是促使团队成员留在团队中的所有力量，比如勒温（Lewin，1935）认为，团队凝聚力包括积极的吸引力和消极的排斥力，格罗斯和马丁（Gross & Martin，1952）指出，团队凝聚力表现为团队成员对破坏力量的抵抗力。力量观可以很好地概括团队凝聚力，但是存在概念太笼统而不易测量的缺点。吸引力观的学者则认为，团队凝聚力是团队对成员的吸引力或者成员之间的相互吸引力。比如，巴克（Back，1951）认为，团队凝聚力是一种能使团队成员自愿留在团队中的吸引力，洛特和洛特（Lott & Lott，1965）指出，团队凝聚力是团队成员之间产生的积极态度的数量和强度。相较于力量观，吸引力观虽然解决了团队凝聚力的测量问题，但同时也将其狭隘地限定在吸引力的范围内。目标观将团队凝聚力视为团队成员彼此之间紧密合作，并共同完成团队目标的动态过程。比如，卡伦（Carron，1982）将其定义为团队成员为了完成团队任务，而紧密结合起来的一种动态过程。西博尔德（Siebold，1999）指出，团队凝聚力是促使团队有效运行从而实现团队目标的程度。目标观指出，团队凝聚力是一种动态的变化过程，并且突出了其存在的理由和意义，因此，本章研究认为目标观更符合团队凝聚力的理论界定。

4.4.1.2 团队凝聚力的结构维度

与此相应，其后许多学者都将团队凝聚力界定为一个整体的单维结构概念。如费斯廷格（Festinger，1950）认为，团队凝聚力是影响团队成员留在团队内意愿的所有力量总和。随着对团队凝聚力的深入研究，米卡拉奇基（Mikalachki，1969）首次将团队凝聚力界定为多维结构概念，包含社会导向和任务导向两个维度，其中社会凝聚力是团队成员间沟通机制、分享意愿和合作通路方面的便捷性，任务凝聚力是团队任务安排方面的合理性。后续研究进一步将团队自豪感纳入多维结构中，如比尔等（Beal et al.，2003）认为，团队自豪感是作为团队成员而感受到的重要性，体现了其对团队目标、历史和价值观的认可程度。塞维和埃斯特拉达（Severt & Estrada，2015）进一步指出，团队凝聚力主要有情感和工具两种维度，与任务、社会、人际和归属四个方面相关。本章研究在对以往整合研究的基础上，趋于认同团队凝聚力是一项团队多维度结构的状态指标，既是团队绩效的可靠预测指标，又是团队成员相互合作性、人际和谐性等心理和行为状态的集中体现（吴一穹等，2016）。基于此，本章研究将大学生创业团队凝聚力定义为大学生创业团队成员愿意留在团队中成为团队一员并且抗拒离开团队的动力，或者创业团队对成员的吸引力、牵引力以及留住成员的能力。

4.4.1.3　团队凝聚力的影响因素

团队凝聚力的影响因素主要包含团队、团队成员和团队领导三个方面。团队因素主要分为团队管理、团队过程和团队氛围三种，在团队管理方面，团队的规模越大，团队凝聚力越低（Kozlowski & Igenl，2006）；团队的多样性越丰富，团队凝聚力也越低（Liang et al.，2015）。在团队过程方面，情绪冲突会抑制团队成员之间沟通的有效性，团队凝聚力也会随之降低；任务冲突能促使团队成员之间形成信息共享，团队凝聚力也会随之提高（王国锋等，2007）；团队信任会使团队成员之间的主动性增强，团队凝聚力也会得到有效提升（许科等，2013）。在团队氛围方面，公平氛围能提升团队凝聚力（杨勇等，2013），团队差序氛围会降低团队凝聚力（刘军等，2009），自我导向型的激励氛围会削弱团队凝聚力，任务导向型的激励氛围则会增强团队凝聚力 （Boyd et al.，2014）。

团队成员的个体特质、经验能力和动机都会对团队凝聚力产生影响。在个体特质方面，研究发现，女性团队的凝聚力往往高于男性团队 （Martin & Good，2015）。团队成员的大五人格特质中的责任性、宜人性与任务凝聚力呈正相关关系，外向性、情绪稳定性则与社交凝聚力呈正相关关系 （Van Vianen & De Dreu，2001）。团队成员的利他主义也与团队凝聚力呈正相关关系 （赵宜萱等，2014）。在经验能力方面，团队成员过往的沟通能力与团队凝聚力呈正相关关系。在动机方面，团队成员对团队的归属感和认同感都与团队凝聚力呈正相关关系 （Carron & Brawley，2000）。

团队领导的领导风格和领导行为都会对团队凝聚力产生影响。在领导风格方面，研究发现，专制型领导、民主型领导和放任型领导能提升团队凝聚力 （Avolio & Bass，1995）。支持型领导与团队凝聚力正相关，而指导型领导与团队凝聚力呈负相关关系 （Wendt et al.，2009）。在领导行为方面，研究发现，变革型领导行为 （Callow et al.，2009） 和民主型领导行为都有利于提升团队凝聚力 （Alemu & Babu，2012）。

4.4.1.4 现有研究评述

从文献梳理发现以下三点。

第一，现有有关团队凝聚力对创业者创业韧性影响因素的研究尚处于零散状态，且有部分结论并不统一，因此，未来研究需要构建一个完整的、系统的理论框架来探讨团队凝聚力对创业者创业韧性的影响机制。

第二，团队凝聚力是一个动态的发展过程，但是现有研究大多将其视为一种静止状态，因此，需要从团队的不同时期 （创建期、震荡期、规范期、执行期、终止期） 来探讨团队凝聚力对创业者创业韧性的动态影响机制。

第三，以往有关团队凝聚力的研究对象多数是体育团队、军事团队、工作团队等，本章研究将已成为创业主力军的大学生创业团队为研究对象，进一步丰富了团队凝聚力的研究情境和跨文化研究。

4.4.2　研究方法与设计

4.4.2.1　研究方法

本章研究运用扎根理论对大学生创业团队凝聚力对创业者创业韧性的影响机制进行探索性分析。扎根理论是一种基于原始数据资料的质性分析方法，施特劳斯和科尔宾（Strauss & Corbin，1998）将其定义为对现象运用归纳的方法进行整理，分析得出结果后，再经由系统化的资料收集而挖掘、发展已暂时地验证过的理论。在此过程中，资料的收集、整理和分析是同时进行、一并发生的。本章研究中多次深度访谈生成的大量文本性原始数据资料符合扎根理论自下而上层层推理的过程，因此适合借助扎根理论对受访者进行比较和辨析（王璐、高鹏，2010）。在理论抽样的基础上，对质性资料进行开放式编码、主轴编码和选择性编码，从而构建出解释大学生创业团队凝聚力影响因素的核心模型，继而通过对资料与资料之间、理论与理论之间的持续比较和分析，直到发展出新的实质理论（具体研究流程如图4-4所示）。

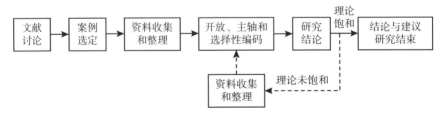

图4-4　扎根理论研究流程

资料来源：Strauss, A. & Corbin, J. Basics of qualitative research: Grounded theory procedures and techniques (2nd ed.) [M]. Thousand Oaks, CA: Sage, 1998.

4.4.2.2　数据采集

本章研究试图构建大学生创业团队凝聚力的影响机制模型，因此采用深度访谈进行原始数据采集。研究小组运用半结构化访谈，持续时间为 2020 年 9～12 月，除了预先设计好的访谈提纲之外，还在访谈过程中追问一些关键性的问题（见附录 5）。

研究小组分别对每个访谈对象进行多次访谈。

第一次是开放式访谈，主要是希望建立互相信任的轻松氛围，访谈者着重了解大学生创业团队组建的过程、持续的时间、合作的动力等内容，以创业团队成员自己讲故事的形式进行，其中访谈者特别关注团队成员的个人成长经历、家庭和朋友的影响等方面。

第二次是半开放访谈，主要询问创业团队成员在不同时期内团队凝聚力的状况，有哪些因素会对高团队凝聚力产生影响，又有哪些因素会造成低团队凝聚力。访谈提纲主要集中于以下问题：（1）您对创业团队凝聚力的理解是什么？（2）在不同的创业阶段，您认为团队凝聚力会发生变化吗？如何发生变化？（3）在创业团队中，您认为哪些因素会影响团队凝聚力？各因素的重要性如何排序？

第三次访谈也是半开放的，主要是引导创业团队成员对团队凝聚力的理解、变化、形成过程进行反思，着重进一步探索访谈者在认知和情感层面的反应，试图在其思想、动机、情绪和行为之间建立联系。访谈提纲主要集中于以下问题：（1）在您认为创业团队凝聚力低的状况下，您产生过退出的想法吗？其后是选择退出创业团队还是继续留在创业团队了呢？（2）您对退出和留下的想法做出过反思吗？（3）如果有的话，这种反思会对您以后选择创业团队产生影响吗？

4.4.2.3　理论抽样

本章研究遵循扎根理论中理论抽样的原则，选取案例时，除了满足大学生创业团队的性质之外，还有以下主要依据使样本更具代表性：（1）创业团队凝聚力显性影响团队的发展；（2）选取不同行业的大学生创业团队，进一步丰富数据资料来源；（3）选择不同年限的创业团队，有利于考察不同阶段的创业团队的凝聚力状况。格拉泽（Glaser，1992）指出，按照理论饱和的原则确定样本数，抽取样本直至新抽取的样本不再体现新的重要信息为止。

根据 8 所高等院校的学生招生与就业中心、创新创业学院提供的大学生创业团队名单，最终选取了 6 组创业团队 24 个团队成员，创业内容涉及物流、教育、艺术、电子通信、建筑设计、零售等领域（具体成员信息如表 4-8 所示）。样本随机平均分成 2 组，一组作为模型建构使用，另一组作为模型检验使用。

表 4-8   访谈团队基本信息

编号	创业行业	创业时限（月）	访谈方式	创业团队成员人数	访谈时长（分钟）
1	物流	22	面对面	3	267
2	教育	17	网络	4	372
3	艺术	38	电话、网络	3	281
4	电子通信	7	面对面	4	353
5	建筑设计	43	电话、面对面	5	465
6	零售	9	面对面、网络	5	459

4.4.3 研究数据分析

在征得受访者同意后，研究组对访谈内容进行了录音。初步整理录音内容后，遵循客观真实的原则，剔除文本中与研究无关的内容，然后对剩余部分进行逐字逐句分解。运用扎根理论提取出屡次出现的突出现象，并对其进行意义解释，主要通过开放式编码、主轴编码、选择性编码和理论饱和度检验四个步骤完成（陈向明，2000）。

4.4.3.1 开放式编码

开放式编码是对原始访谈资料中的句子或片段逐字、逐句、逐段地编码，形成初始概念，再以新方式重新组合的过程（晁罡等，2019）。为了保证开放式编码的信度，编码时尽量使用被访者的原始语句作为初始概念。由两位编码员分别登录，登录结束后共同对结果进行核对，对于不一致的情况，两位编码员再根据访谈材料、文献资料共同讨论修改（许庆瑞等，2013）。由于初始概念的数量较多、层次较低、存在一定程度的交叉，所以去除出现频次低于两次的概念，并通过进一步地提炼、聚拢实现概念的范畴化，得到如表 4 - 9 所示的初始概念和范畴。

表 4 - 9 开放式编码范畴化

编号	范畴	原始资料语句（初始概念）
1	认可共同利益	A03 我们几个创始人对自己的薪酬从来都不计较，首先想到的是团队成员的利益。（团队成员利益） A07 团队在整个创业过程中，希望在获得个人利益的同时实现社会利益。（社会利益）
2	公开经营成果	A01 创业团队从建立之初，就定期向全体团队成员甚至是家属公开每月的经营成果。
3	团队分享	A05 创立之初我们首先回答每个成员最关心的问题：公司最好的结果是什么，最坏的结果是什么？（分享信息） A06 作为团队管理者不需要每时每刻坚强，适时表现出软弱，动员每个成员去战斗。（分享情感） A07 我们希望把成员变成事业合伙人，分享利润成果给他们。（分享利润成果）
4	忧患意识	A08 创业如果守着自身常规业务寻求突破，没有花费精力和资源对未来做布局，实际上就是封闭式创新，我们需要关注未来市场。（关注未来市场） A10 从创业心态变成打工心态，他就缺乏了忧患意识，因为他觉得我是在为老板打工，无论工作成什么样子，我这个月底都会拿到工资。（保持创业心态）
5	自信心和竞争力	A12 创立之初，我们就带领小伙伴们打了个"开门红"，激发斗志。（成员自信心） A13 作为领导者，首要思考的问题就是如何带领团队发展壮大，给团队成员希望，没有发展希望的给予，就不要奢望团队有凝聚力。（团队竞争力）

编号	范畴	原始资料语句（初始概念）
6	信任和安全感	A09 团队需要对弱者投入足够的耐心，让团队成员觉得团队值得追随，从而获得足够的信任。（信任） A11 当遇到比较棘手的事情或者出现不太好的结果时，我们每个人都不互相推诿。（安全感）
7	责任和授权	A04 在工作中，团队管理者要有意识地引导成员挑起团队中工作的重担，这样的话可以在实践中培养成员的担当意识。（责任） A09 管理者要懂得适时适量地授权成员做事，成员也一定会珍惜一个不断为自己提供挑战机会，帮助自己成长的团队。（授权）
8	沟通和换位思考	A01 团队领导目前也在寻找解决方案，希望你能理解并集中智慧提出更多的意见。（如实沟通） A3 团队间及时地沟通和交流，及时了解成员的动态和对工作的想法，征求成员对制订的措施和办法的意见。（即时沟通） A9 最好的办法是让成员在接受任务前一个接一个地提出问题，直至计划完全被他所理解、接受。（充分沟通） A10 团队领导要站在成员的角度思考，他们会选择加入怎样的团队，他们愿追随什么样的领导？（换位思考）
9	尊重和认可	A08 工作中透露出团队对他的尊重，遇事多和他沟通商量，重要会议让他出席。（尊重） A11 团队领导讲清楚自己的思考过程和思考方法，这样成员就可以使用同样的分析工具和思考方式来分析具体问题，逐渐形成共识。（认可）
10	领导方式	A02 危机来临时团队领导要花更多的时间安抚团队，帮助他们表达自己的情感。（重建心态） A06 激活每一个团队成员的活力，把他们放在正确的位置上，让他们做正确的事情，往往事半功倍。（激活成员） A09 领导本身要有担当、有能力，对团队的管理能够不徇私情，坚定执行，那么成员也会对自己的领导心服口服。（以身作则）
11	评价	A07 至今我还清晰记得我们团队一起完成第一个订单时的情景，当时觉得加入到创业团队中是多么正确的决定。（初评价） A11 长时间以来，我对于团队运行机制和管理方式都不太认可，当初的激情和动力都快消失了。（次评价）
12	积极情绪	A04 领导分配给我第一个订单时，我兴奋得一夜没睡好，做了一整夜的方案。（兴奋） A09 我们团队的整个氛围非常和谐，每天和一群有意义的创业伙伴们在一起，我觉得很开心。（开心） A12 为了确保我们成员的工资，三个团队创始人已经快2年只领取基本生活费了，一直坚持着，我们非常感动。（感动）

编号	范畴	原始资料语句（初始概念）
13	消极情绪	A01 我们团队对于经营数据和状况都不是很透明，对于这一点我真的很失望。（失望） A05 团队领导不太相信我的能力和处事方式，重要的订单我都没有机会接触，我真的很难受。（伤心） A10 记得那次大订单出了很大的问题，赔了很多钱，最后整个团队从上到下都在互相埋怨、推卸责任，我真的觉得很生气。（气愤）
14	积极心境	A07 我是大二时就加入创业团队了，到现在已经有 3 年多了，虽然经历了很多，但是我还是希望心无杂念地继续前行。（无杂念） A09 一路走来，整个创业团队经历了很多困难和挑战，我们并肩作战，越战越勇。（坚强） A12 因为大家拥有共同的价值观，所以走到一起创业，一直以来充满斗志，努力奋斗都是为了共同的信念和目标。（斗志昂扬）
15	消极心境	A08 加入创业团队以来，我自己感觉为这个团队付出了所有，但是结果并不是我想象的那样。（消沉） A11 长期以来，我感觉整个团队的气氛都不太和谐，人际关系也比较冷漠。（冷漠） A12 创业 3 年多了，我吃了好多苦，受了小伙伴们的不少气，有时候想想真的感觉自己看不到希望。（万念俱灰）
16	任务凝聚力	A03 我们团队在一起合作完成任务时，经常会在任务分配的方式、工作量等方面发生分歧，有时候甚至会不欢而散。
17	人际凝聚力	A08 因为我们几个团队成员都是室友，有着共同的兴趣、爱好，一致的价值观和做事方式，所以在创业以外的时间里，我们也经常聚在一起。
18	创业韧性	A10 不经历风雨怎能见到彩虹？虽然这几年创业过程中，我们遇到了许多困难和挑战，但是，最终我们还是撑了下来。

4.4.3.2 主轴编码

开放式编码把数据分裂成不同类型和等级的代码，主轴编码则把数据再次恢复成连贯的整体，并回答"哪里、为什么、谁、怎样以及结果如何"的问题（Straus & Corbin，1998）。主轴编码以新的方式对开放式编码形成的范畴进行重新排列，分析发现各个范畴在概念层次上存在的联系，根据不同范畴之间的逻辑次序和因果关系进行重新归类（Creswell，1998）。经过对 18 个初始范畴进行主轴编码，共确定 5 个主范畴（见表 4 - 10）。

表4-10   主轴编码形成的主范畴

类别	主范畴	对应范畴	范畴的内涵
1	工作事件的影响	认可共同利益、公开经营成果、团队分享、忧患意识、自信心和竞争力	在创业过程中,大学生团队会经历一些工作事件,包括团队认可共同利益、公开经营成果、团队分享、忧患意识、自信心和竞争力,这些工作事件都会对整个创业团队产生影响
2	工作环境的影响	信任和安全感、责任和授权、沟通和换位思考、尊重和认可、领导方式	同时,整个创业团队的工作环境,包括信任和安全感、责任和授权、沟通和换位思考、尊重和认可、领导方式,会对整个创业团队产生影响
3	认知评价的形成	初评价、次评价	大学生创业团队成员会对上述工作事件和工作环境对其产生的影响形成初步评价和后续评价
4	情感反应的形成	积极情绪、消极情绪、积极心境、消极心境	大学生创业团队成员形成初评价和次评价后,会产生一系列短期的情绪反应和较长期的心境反应
5	态度的形成	任务凝聚力、人际凝聚力、创业韧性	大学生创业团队成员形成的情绪反应和心境反应都会对其愿意留在团队中成为团队一员并且抗拒离开团队的动力产生影响,而这些都会对创业者的创业韧性产生影响

4.4.3.3 选择性编码

在主轴编码的基础上,选择性编码进一步挖掘出核心范畴,并分析初始范畴、主范畴和核心范畴之间的联系,再通过故事线的形式建构、整合和形成理论框架(陈向明,2000)。随着核心范畴被分析发现出来,理论便自然向前发展了,本章研究主范畴的故事线如表4-11所示。

表4-11   主范畴的典型关系结构

主范畴	工作事件和工作环境激活阶段	认知评价形成阶段	情感反应和态度形成阶段
内涵	在创业过程中,大学生团队会经历一些工作事件(团队认可共同利益、公开经营成果、团队分享、忧患意识、自信心和竞争力),同时会面临某种工作环境(信任和安全感、责任和授权、沟通和换位思考、尊重和认可、领导方式),这些工作事件和工作环境都会激活整个创业团队成员	上述相关工作事件和工作环境对大学生创业团队成员产生影响后,会使其产生一些认知评价(初步评价和后续评价)	大学生创业团队成员形成初评价和次评价后,会产生一系列短期的情绪反应(积极情绪和消极情绪)和较长期的心境反应(积极心境和消极心境),这些情感反应会对其团队凝聚力(任务凝聚力和人际凝聚力)产生影响,进而最终影响到创业者的创业韧性

基于以上典型关系结构，进一步总结出大学生创业团队凝聚力这一核心范畴，并以此为基础构建和发展出"大学生创业团队凝聚力对创业者创业韧性的影响因素模型"（见图 4 - 5）。

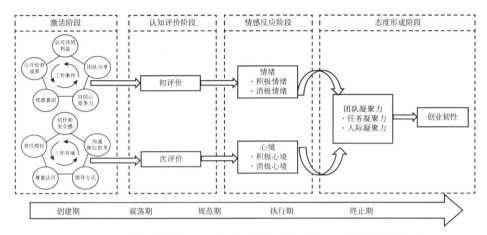

图 4 - 5　大学生创业团队凝聚力对创业者创业韧性的影响因素模型

4.4.3.4　理论饱和度检验

研究组通过对另一组样本的编码分析进行饱和度检验，结果表明，理论模型中的概念范畴已经发展完备，除了大学生创业凝聚力影响创业者创业韧性的 5 个主范畴之外，并没有发现新的范畴和关系，访谈资料仍然反映"大学生创业凝聚力对创业者创业韧性的影响因素模型"的脉络和因果关系。因此，可以认为上述理论模型是饱和的（Glaser，2000）。

4.4.4　模型阐述和研究发现

上述构建的"工作事件工作环境激活—认知评价—情感反应—态度形成"的大学生创业团队凝聚力对创业者创业韧性的影响因素模型，具体来说就是在大学生创业团队的不同时期（创建期、震荡期、规范期、执行期、终止期），会经历一些工作事件（团队认可共同利益、公开经营成果、团队分享、忧患意识、自信心和竞争力），同时会面临某种工作环境（信任和安全感、责任和授权、沟通和换位思考、尊重和认可、领导方式），这些工作事件和工作环境都会激活整个创业成员，会使其产生一些认知评价（初步评价和后续评价），继而发生一系列短期的情绪反应（积极情绪和消极情绪）和较长期的心境反应（积极心境和消极心境），这些情感反应会对其团队凝聚力（任务凝聚力和人际凝聚力）产生影响，进而最终影响创业者的创业韧性。这个过程符合情感事件理论的架构，该理论认为雇员对工作事件的体验会引发个体的情感反应，其中个体的特质会影响此过程，情感反应又会进一步影响雇员的态度和行为（Weiss & Cropanzano，2006）。这为从大学生创业过程中的情感事件角度观察创业团队凝聚力对创业者创业韧性的影响提供了重要的理论基础，下面将进一步对大学生创业团队凝聚力对创业者创业韧性的影响因素模型进行阐释，并总结相应的研究结论。

4.4.4.1 模型阐释理论

（1）情感事件理论。

韦斯和克朗潘萨诺（Weiss & Cronpanzano，1996）提出了情感事件理论（affective events theory，AVT），试图解释工作场所中雇员情感的结构、前因和后果，旨在探讨雇员在工作中经历的情感事件（affective events）、情感反应（affective reactions）与其态度、行为之间的关系（见图4－6）。该理论通过"事件—情感—态度行为"完整的链条系统地展示了工作场所中雇员的情感作用机制，具体途径是：稳定的工作环境特征（work environment features）会导致积极或者消极工作事件（work events）的发生，而雇员对这些工作事件的体验会引发个体的情感反应，其中个体的特质会影响此过程。情感反应又会进一步影响雇员的态度和行为，其中情感反应通过两条路径影响行为：

一是直接影响雇员的行为；二是通过影响雇员的工作态度（如工作满意度、组织承诺等）间接影响其行为。

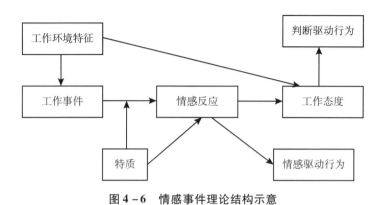

图 4 – 6　情感事件理论结构示意

资料来源：Weiss，H. M. & Cropanzano，R. Affective events theory：A theoretical discussion of the structure，causes and consequences of affective experiences at work ［M］//Staw，B. M. & Cummings，L. L. （Eds.），Research In Organizational Behavior. Greenwich，CT：JAI Press，1996：1 – 74.

韦斯和克朗潘萨诺（Weiss & Cronpanzano，1996）在情感事件理论中指出以下七点。

①情感反应包括两个成分：心境（mood）和情绪（emotion）。和情绪相比，心境强度较低，更为持久，同时具有弥散性，没有明确的诱因（Frijda，1993）。相对于心境，情绪与具体的事件更相关，如雇员受到领导批评，进而产生一系列气愤、挫折等情绪反应。雇员的心境和情绪水平是随时间波动的，是时间的函数，两种都与工作满意度等工作态度密切相关。

②雇员在工作中的情感体验与其对工作的总体评价（工作满意度）是两个不同的概念，两者既有联系又存在区别。传统观点认为，工作满意度作为一种工作态度，反映的是雇员对工作的总体认知评价，主要受个体认知过程影响。虽然工作满意度也包含情感成分，但主要是一种认知性判断。工作满意度与情感反应有着各自独立的结构：一方面，情感反应有其独特的心理成

分，而这些心理成分并不一定与满意度存在联系；另一方面，满意度还受到信念和情境等因素的影响，而这些因素并不一定会诱发情感反应。情感事件理论认为，个体的情感反应也会影响其工作满意度，因此情感反应可作为工作满意度等工作态度的一个前因变量。

③ 这里的事件是指在工作中发生的、引起工作环境变化的事情。工作中发生的事件是引发雇员情感反应的直接原因。以往研究中被认为是直接影响雇员情感的工作环境特征只是通过引起工作事件的发生，或者通过引起雇员对情感事件的回忆和想象，来间接影响雇员的情感。

④ 雇员的工作行为可以区分为情感驱动行为（affect-driven behaviors）和判断驱动行为（judgment-driven behaviors）两种类型。情感驱动行为直接由情绪体验引发，如雇员被领导批评，产生不愉快或受挫折的情感反应，继而次日仅因心情不好而迟到或旷工。而判断驱动行为则是雇员在经历某个情感事件以后，对这一情感事件进行认知性评价后采取的行动。态度驱动行为是雇员经过深思熟虑之后而采取的决策行为。因此，雇员由事件引发的情感体验一方面会直接导致其情绪驱动行为；另一方面，情绪体验会影响雇员的认知性评价，进而影响其判断驱动行为。

⑤ 情绪认知评价理论（cognitive appraisal theory of emotion）、情绪的归因理论（attribution theory of emotion）等理论指出，认知评价是情绪产生的必要前提，对事件的认知评价先于情感反应产生，即对事件的认知评价决定了情感反应，而不是事件本身直接引起情感反应（Choi et al.，2011）。情感事件理论借鉴了以上观点，并把对工作事件的评价分为初评价（primary appraisal）和次评价（secondary appraisal）两个过程。初评价时雇员只是关注事件与自身的目标、价值是否相一致或者冲突，事件对自身是否有利。次评价时雇员则对事件有了更多意义的分析，例如个体会考虑是否有足够的资源来处理事件，情绪产生于次评价过程。但是，并不是所有的工作事件都能引发情绪反应，如因为一些温和的事件与个体自身的目标、价值并不相关，所以对这类

事件的评估可能只是停留在初评价阶段，往往不伴有次评价的过程，也就不会诱发情绪反应，更多的则是对心境产生影响。

⑥ 情感事件理论认为情感反应较为短暂，并且很大程度上依赖于情境，而特质则相对稳定。并进一步指出，特质一方面可以调节工作事件与情感反应的关系，另一方面，特质会影响员工对工作事件的情感体验，进而影响其工作态度。

⑦ 工作环境特征是指工作的自主性、是否能够得到晋升的机会、福利待遇、领导风格等，其对工作态度的影响存在两条路径：一是非情感路径，即个体通过比较工作特征与自我价值、追求、期望等之间的一致性，从而形成对工作的评价；二是情感路径，即工作特征通过影响特定的工作事件（如与领导产生冲突），进而引发各种情感反应，最终影响工作态度。并把日常工作场所中的情感事件分为两类：一类是麻烦（hassles）或负面事件，这类事件与妨碍工作目标的实现和消极情感反应相关；另一类是令人振奋的事件（uplifts），一般与工作目标的实现和积极情感反应相关。

阿什坎等（Ashkanasy et al.，2002）指出，情感事件理论在解释工作环境与雇员工作态度、行为之间关系这一"黑箱"时具有独特作用。情感事件理论明确区分了情感反应与工作满意度的差异，并提出两类不同性质的行为（情感驱动行为和判断驱动行为）。该理论对深入探讨工作环境中个体的情感反应的作用机制具有重要的指导意义，也为今后组织行为领域开展关于情绪情感的研究提供了整合的思路。

（2）情绪归因理论。

情绪归因理论是情绪认知理论中的一种，情绪认知理论认为个体在对事物进行评价的过程中产生情绪，认为环境刺激、生理反应和认知过程将影响着情绪的产生，其中决定情绪产生的关键影响因素是个体的认知过程（张海涛等，2020）。包括：沙赫特的两因素情绪理论；阿诺德的"评定—兴奋"学说；拉扎勒斯的认知—评价理论；西米诺夫的情绪认知—信息理论；扬和普里布拉姆的情绪不协调理论。其中,沙赫特的两因素情绪理论即为情绪归因理论,在该理论中沙赫特和辛格通过实验证明了认知归因决定着个体情绪的产生,即在环境的刺激下,个体通过解释自身出现的生理情绪状态变化后产生了最终的情绪。认知归因是人们对自己或他人的学习、工作或其他行为的原因进行分析、解释和推测的一种心理过程(Moskowitz,2002)。人们习惯对自我、他人的行为或事件做出原因分析,从而有利于预测行为和实现对周围环境的控制。

最早将认知归因分析运用于情绪研究中的学者是沙克特等(Schachter et al.,2010),此后西方学者们对此研究做出了不同的界定,但基本都涵盖了以下三个特征:情绪归因是一种认知归因;情绪归因存在于一定的情景中;一般来说,自我和他人归因是情绪归因的两种基本类别。总体而言,情绪归因指的是,个体对自己或他人在某种情景中所产生的情感体验进行的原因性的解释和推断。情绪归因通常受到各类因素的影响,例如宏观因素中的社会文化(Sauter et al.,2010);微观因素中的事件性质,情绪归因和事件性质与个体的主观期待是否相符直接相关(Weiner,1986)。同时,研究证明个体总是倾向归因于符合自己预期的因素(Kassin et al.,2011)。

4.4.4.2 工作事件和工作环境的激活阶段

访谈中发现,一方面,在大学生创业团队的不同时期会经历一些工作事件,例如创业团队成员是否对利益有共同的认可,包括团队成员的个人利益和社会利益方面;创业团队是否定期如实地向团队成员公开经营成果;创业团队成员之间是否构建了完整的分享机制,包括分享信息、分享情感和分享利润成果;创业团队是否拥有关注未来市场和持续保持创业心态的忧患意识;创业团队成员是否具有自信心以及团队是否具有竞争力,上述这些工作事件都会激活整个团队成员的凝聚力自我反应机制。

另一方面,大学生团队在创业过程中会同时面临某种工作环境,包括创业团队是否具有信任和安全感；创业团队能否给予成员责任意识和适当的授权；创业团队能否进行顺畅的沟通（如实沟通、即时沟通和充分沟通）和换位思考；创业团队中是否具有尊重和认可的氛围；创业团队的领导者和管理者是否能以身作则、激活成员动力和帮助成员重建心态，上述这些工作环境也会激活创业团队成员的凝聚力反应机制。以上发现与韦斯和克朗潘萨诺（Weiss & Cronpanzano，1996）提出的情感事件理论基本一致，该理论认为工作场所中的情感事件和工作环境可以分为两类，一类是令人振奋的事件（uplifts），一般与工作目标的实现和积极的情感反应有关；另一类是麻烦（hassles）或负面事件，一般与阻碍工作目标的实现和消极情感反应有关，这些在工作中发生的事件或者发生变化的工作环境都会对雇员的认知和情感产生影响（Weiss & Cropanzano，2006）。

4.4.4.3　认知评价形成阶段

访谈发现上述相关工作事件和工作环境对大学生创业团队成员产生影响后，会使其产生一些认知评价，包括初评价和次评价。初评价是大学生创业团队成员对于相关工作事件和工作环境产生的初步评价，此时只是关注工作事件和工作环境是否会与自身的价值、目标相一致，是否会发生冲突，是否对自身有利等问题。次评价是大学生创业团队成员在初评价后会对相关工作事件和工作环境赋予更多意义的分析和解释机制，访谈发现很大比例的团队成员会进一步考虑自身是否具有足够的内部资源和外部资源处理上述工作事件和工作环境带来的冲突或者不利情况。

4.4.4.4　情感反应阶段

研究组发现大学生创业团队成员在形成初评价和次评价之后，会产生一系列短期的情绪反应和较长期的心境反应。访谈中大学生创业团队的情绪反应既有积极情绪又有消极情绪，积极情绪包括兴奋、开心和感动等，消极情绪包括失望、伤心和气愤等；心境反应也包括积极心境和消极心境，分别包括无杂念、坚强和斗志昂扬，以及消沉、冷漠和万念俱灰。大部分创业团队成员表示，当他们认为某些工作事件与自身目标、价值观不相关，或者所处的创业工作环境比较温和时，其评估机制只停留在认知评价阶段，往往不会诱发后续的情感反应。以上发现与情绪归因理论的研究结果相一致，该理论指出个体对事件的认知评价是其情绪产生的必要前提，对事件的评价决定了个体的情感反应，而不是事件本身直接引起个体的情感反应（Choi et al.，2011）。

4.4.4.5 态度形成阶段

访谈发现大学生创业团队成员产生的一系列情感反应会对其团队凝聚力产生影响，进而最终影响创业者的创业韧性。从访谈内容分析发现，大学生创业团队成员一般认为创业团队凝聚力包括任务凝聚力和人际凝聚力两个方面。被访者认为，任务凝聚力是团队成员在创业过程中，能否协调一致、共同完成团队的目标和任务；而人际凝聚力是创业团队成员彼此之间对于价值观、目标、做事方式等的认同，并且有相对一致的共同兴趣和爱好。其中近七成的受访者更加看重的是人际凝聚力，他们认为从事创业活动的前提是创业团队成员拥有任务凝聚力，而持续创业的动力补给则是人际凝聚力。以上发现与情感事件理论的研究成果相一致，该理论认为个体的情感反应又会进一步影响其态度和行为（Weiss & Cropanzano，2006）。

4.4.5 研究结论

本章研究通过扎根理论的研究方法对 6 组大学生创业团队的 24 个团队成员在创业过程中的团队凝聚力的影响因素进行了探索性研究。遵循格拉泽和施特劳斯（Glaser & Strauss，1967）的三步编码法，首先，通过开放式编码获得了"认可共同利益"等 18 条原始语句及相应的初始概念；其次，通过主轴编码获得"工作事件的影响"等 5 个主范畴；最后，挖掘出主范畴的故事线，包括"工作事件和工作环境的激活阶段""认知评价形成阶段""情感反应阶段""态度形成阶段"四个阶段，进一步总结出大学生创业团队凝聚力对创业者创业韧性的影响这一核心范畴，由此构建和发展出"大学生创业团队凝聚力对创业者创业韧性的影响因素模型"。

具体来说，研究发现在创业过程中，大学生创业团队会经历一些工作事件（团队认可共同利益、公开经营成果、团队分享、忧患意识、自信心和竞争力），同时会面临某种工作环境（信任和安全感、责任和授权、沟通和换位思考、尊重和认可、领导方式），这些工作事件和工作环境都会激活整个创业团队成员，会使其产生初步评价和后续评价，继而发生一系列短期的积极情绪和消极情绪反应，以及较长期的积极心境和消极心境反应，这些情感反应会对其团队的任务凝聚力和人际凝聚力产生影响，进而最终影响创业者的创业韧性。因而，对中国情境下的大学生创新与创业管理的理论和实践都具有一定的指导意义。

4.5　本章小结

本章第一部分对新生代创业者和创业韧性相关概念做出了界定。第二部分从创业人格现状、创业文化涵养现状、创业自愈机制现状和创业培育机制现状四个方面进行了介绍。第三部分以我国青年创业的主力军大学生创业者为研究对象，以影响其创业机会开发期和成长期创业韧性的内涵和影响因素为切入点，运用扎根理论的研究方法进行深入挖掘。通过对 30 个青年创业大学生的深度访谈，构建出"重大事件激活—动机形成—动态能力形成"的理论模型，包括"重大事件"等 14 个子范畴以及"创业期望的形成"等 7 个主范畴，并运用事件系统理论、自我差异理论、社会转型理论和场理论分析形成此模式的深层次原因。第四部分为了探讨归因方式和情境因素对新生代创业者创业韧性的影响机制，本章研究运用了深度访谈和扎根理论法继续进行深入挖掘。通过对 6 组创业团队的 24 个团队成员的深度访谈，挖掘出"认可共同利益"等 18 个子范畴和"工作事件的影响"等 5 个主范畴，构建工作事件工作环境的激活—认知评价—情感反应—态度形成理论模型，并运用情感事件理论和情绪归因理论分析深层次原因。

第 5 章

新生代"双业"韧性的提升优化对策研究

本章内容分为三个部分：第一部分从新生代员工职业韧性的自我管理策略和组织管理策略两个方面对其提升提出优化对策。第二部分从增强新生代创业者创业动力、提升创业者创业韧性意识和创业团队创业韧性意识三个方面对其创业韧性提出优化对策。第三部分对本章做出小结。

5.1 新生代员工职业韧性的提升优化对策

提升新生代员工职业韧性是一个系统的工程，是一个贯穿"90 后"员工职业生涯的持续过程。本章在梳理研究的前提下，在前文对 XCN 公司金鹰世界店"90后"员工职业韧性结构和影响因素探索的基础上，提出新生代员工职业韧性的个人提升策略、组织管理策略，促进新生代员工职业归属感和获得感的增强，在面对生涯挑战或障碍时保持积极应对，提高工作质量和生涯发展质量，增强"90后"员工队伍的稳定性，促进"90后"员工职业化、专业化发展。

5.1.1　新生代员工职业韧性的自我管理策略

5.1.1.1　积极学习专业知识，不断提升职业能力

牢固掌握所在行业相关理论知识和专业技巧，是做好本职工作的基本前提。研究案例中发现，在从事服务业职业前，很多新生代员工没有经过系统的学习和培训就匆匆上岗，结果容易导致面对各项工作茫然无措或不得要点，被主管批评，严重影响工作质量；在面临工作上的挑战或障碍时，无法以积极自信的姿态来应对。因此，在上岗前牢固掌握行业理论知识和专业技巧，自我职业能力的提升才是职业韧性张力的最好支撑。加之目前我国进入社会主义现代化建设新时代的大背景下，新生代员工必须保持积极学习，在掌握行业相关理论知识和专业技巧的基础上，不断更新自己的知识结构，以专业化的工作方式和技巧服务顾客，做好自己的本职工作。

5.1.1.2　提高突发事件应对能力

案例研究中发现，顾客投诉是 XCN 公司金鹰世界店"90后"员工职业韧性的痛点，保证顾客满意一直是 XCN 公司餐饮工作的服务宗旨。正如前文提到，几乎每一位访谈对象都提到了顾客对于服务不满意等突发事件给自己带来了很大的压力，因此，提高突发事件的应对能力是十分必要的。掌握顾客心理等方面的知识，掌握突发事件应对的流程、方法和技巧；建立全方位

的发现机制，及时了解顾客用餐需求，畅通微生活、大众点评等社交媒体等多种了解顾客用餐评价动态的渠道；做好顾客满意的用餐服务、提升顾客用餐的幸福感等重要环节，防微杜渐，防患于未然。

5.1.1.3 明确自身职业发展目标

自我明确职业发展的目标，能够为 XCN 公司金鹰世界店"90 后"员工的工作投入和应对生涯挑战提供动力，促进新生代员工为了实现目标而持续努力，有助于提高其职业韧性。发展目标的确立，应以科学的发展观为前提。研究中发现，XCN 公司金鹰世界店的"90 后"员工在发展路径上有多重选择和多种模式，非此即彼的发展渠道选择观念，不利于"90 后"员工进行有益的职业探索。另外，谋求职称、职务上的晋升是无可厚非的，但是仅以晋升为发展的唯一标准是不可取的，应该从个人能力提升、职业目标、职业理想的实现等多方面，赋予发展以更加深入的内涵，结合实际情况，提升自我的职业韧性进而实现个人的全面深入发展。

5.1.1.4 清晰职业认知，做好发展规划

研究中发现，空有一腔热血而不付诸行动的发展目标是没有意义的，实现发展目标必须要将其具体化、步骤化，做好自我的职业发展规划，有利于促进 XCN 公司金鹰世界店"90 后"员工发展目标的逐步实现，提高成就感和工作积极性。做好职业发展规划，应以清晰的职业认知为条件，对连锁餐饮行业有全面了解和独特体会，并加以坚持，这些原因在很大程度上决定了"90 后"员工的道路选择。

5.1.1.5 保持积极心态，提高适应能力

正如前文所分析的，在 XCN 公司金鹰世界店的"90 后"员工职业生涯

发展的各个阶段,不可避免地会遇到各种挑战,这种挑战包括工作过程中的挑战,也包括生涯发展上的挫折。只有保持良好的心态并积极应对才能跨越生涯障碍,保证工作质量,提高自我的职业韧性,实现个人成长与发展。遇到生涯挑战时,应以积极的心态进行自我调适,通过自我疏解、向他人倾诉、寻求帮助等途径和方式,应对各种挑战,跨越生涯障碍。

5.1.1.6 相互扶持,形成良好的工作伙伴关系

研究表明,XCN 公司金鹰世界店"90 后"员工是职场主力军,但单打独斗并不能做好门店的顾客服务工作,只有行政部门、前厅部门、后厨部门和收银接待部门做好协作,奉行"一群人、一辈子、一件事"的团队理念,才能真正实现"一切工作以顾客满意为目标,用心感动顾客,创造幸福的就餐体验"服务理念。无论是各相关部门还是部门中的同事,都是工作上不可或缺的伙伴,来自同事的支持和帮助对于做好"90 后"员工工作、应对生涯挑战具有重要的作用。"90 后"员工在日常工作中应注意经营和维护工作伙伴关系,形成良好的协作,共同应对生涯挑战,提升职业韧性。

5.1.1.7 相互理解,形成良好的生活伙伴关系

研究发现,家庭的理解和支持是 XCN 公司金鹰店"90 后"员工职业韧性的重要支撑来源,与家庭成员形成良好的协作,有助于 XCN 公司金鹰店"90 后"员工合理分配时间,在家庭和工作间取得平衡。并且来自家人、朋友的理解和支持,能够帮助 XCN 公司金鹰店"90 后"员工疏解工作中烦恼和压力。因此,与家人、朋友形成良好的关系,相互理解和支持,有助于提升 XCN 公司金鹰店"90 后"员工的职业韧性。

5.1.2 新生代员工职业韧性的组织管理策略

5.1.2.1 完善新生代员工的培养体系

（1）优化培训体系，扩充新生代员工的学习机会。

充足的学习机会，是促使"90 后"员工与时俱进、不断提高职业能力的重要途径，而职业能力的提高对于"90 后"员工提高职业成就感、效能感和职业韧性有重要作用，对于"90 后"员工个人的发展和成长起到良好的推进作用。研究发现，优化 XCN 公司金鹰世界店"90 后"员工的培训体系，结合"90 后"员工个人的职业能力标准，从培训内容、培训方法等方面进行更加科学化的设计，为"90 后"员工职业能力的全面提升提供助力。培训内容上既要涵盖"90 后"员工管理职责范围内的理论知识和技巧，也要涵盖关于"90 后"员工发展和成长的各项考核和激励方法等，帮助其更好地了解自己的职业以及发展渠道，根据自身实际情况确定职业目标、做好职业规划。在培训方式上，除了日常讲授的集中培训方式，也充分发挥网络资源的作用，利用公众号等方式，利用繁忙的工作中的碎片化时间，使"90 后"员工时时可学、日日提升。

（2）完善评估体系，做好新生代员工的考核激励。

科学完善的评估体系，既能够对"90 后"员工的工作做出正确引导，也能够使激励效果最优化。完善评估体系，应从考核指标、考核对象、激励措施等方面做出努力。在考核指标上，应使指标体系综合化，能够科学地体现"90 后"员工工作全貌，而不是以个别指标片面评定"90 后"员工工作的优劣；在考核主体上，在充分发挥专门的考核小组作用的基础上，一方面使考核评估角度更加多元、科学，另一方面也提高了"90 后"员工工作的参与感，使其对考核评估过程和指标体系更加了解，避免"关于考核标准我不是很清楚，手机应该可以查到"的类似情况；在激励措施上，无论是绩效奖励还是职位晋升都应与考核结果紧密结合，才能充分发挥考核评估的作用。

5.1.2.2　关注新生代员工心理健康

（1）充分发挥管理者的积极作用，关注新生代员工的心理健康。

首先，管理者的支持与关心无论是在"90后"员工的日常工作还是个人成长中都起到重要作用。可以通过鼓励和支持提升"90后"员工的职业韧性、帮助"90后"员工应对生涯挑战、支持"90后"员工实现个人成长等，帮助其提高工作质量同时实现良好发展，提高"90后"员工的工作效能，增强"90后"员工的工作积极性和满意度。其次，管理者应该更加注重对"90后"员工心理状况的关注，加强日常交流与沟通、合理安排工作任务，给予"90后"员工以更多的人文关怀。

（2）组织丰富多彩的业余活动，充实新生代员工的个人生活。

丰富多彩的业余活动能够提升"90后"员工的生活质量，使"90后"员工从日常工作的压力中得以放松，有利于其心理健康状况的改善，同时对"90后"员工之间的交流也有所促进。组织多彩的活动，在调试"90后"员工压力的同时，加强"90后"员工的团队参与感；组织丰富的兴趣活动，例如书法、阅读、演讲等，既能丰富"90后"员工的业余生活，也增强了其个人魅力，有助于工作的开展。

（3）提供心理咨询与疏导平台，帮助新生代员工疏解压力。

建立完善的"90后"员工心理咨询平台，配备专门人员对"90后"员工定期进行来访接待和心理疏导，在保障"90后"员工隐私的前提下帮助其疏解心理压力；推动"90后"员工心理健康管理日常化，通过不定期的心理健康讲座进行团体辅导、开通心理健康线上咨询等多种形式相结合，帮助"90后"员工以更加健康的心理状态应对生涯挑战，提升职业韧性。

5.1.2.3 积极调整领导方式，以适应新生代员工的工作需求

（1）积极发展开放性和包容性的领导风格。

研究发现，XCN 公司的领导风格中体现出较大的开放性和包容性，主要表现为：对下属适度的自主和授权、对下属做到真正的尊重和认可、在下属面前以身作则、与下属之间富有人情味的沟通、时时给下属留面子、与下属形成平等的伙伴关系，这也可以为组织的领导实践提供借鉴。

（2）注重新生代员工的面子感，成为其工作伙伴。

在中国传统文化和西方现代文化的双重影响下，相较于其他领导方式，包容性领导所体现出的"面子感"和"伙伴性"两个新特质更能满足"90后"员工日益关注的自我存在感和相互平等性，这也在一定程度上可以提高其职业韧性。因此，组织需要重视增强这两个维度的领导作风和行为，为组织赢得竞争优势。

（3）关注新生代员工对领导行为的自我应对机制。

研究发现，XCN 公司"90 后"员工之所以拥有较高的职业韧性，是因为他们会通过 S 选择—I 诠释—R 留任的自我验证机制来维持受中国传统性影响的"面子保留观"和受西方现代性、后现代性影响的"平等伙伴关系观"。由此可见，组织需要关注"90 后"员工对领导行为的自我应对机制，领导需要多做一些有利于"90 后"员工能够进行积极自我概念诠释的行为，从而增强其职业韧性。

（4）增强新生代员工的职业预测感和控制感。

研究发现，XCN 公司"90 后"员工对未来工作自我的认同程度会对包容性领导的影响效果产生调节作用。因此，组织需要从一开始就要开展职业生涯规划、晋升通道、培训通道等一系列措施，使"90 后"员工从一入职就对自身所从事的工作具有清晰和详细的认知，这样也才能使其从自我验证机制中获得外部世界的预测感和控制感，从而提升"90 后"员工的职业韧性。

5.1.2.4 优化新生代员工工作氛围与团队文化

（1）建设欣欣向荣的企业文化。

企业文化能够对"90后"员工的行为起到导向作用，门店应根据实际情况，建立并适时调整崇高而实际的组织目标，引导"90后"员工参与到组织目标实现的过程中去，这同时有助于自身发展目标的确立。企业文化能够对"90后"员工行为起到约束作用，使"90后"员工在工作中随时跟上企业和团队的步伐，以积极向上的风格应对工作中的挑战。企业文化能够对"90后"员工起到凝聚作用，良好的企业文化不但有助于"90后"员工工作积极性的提升，对于促进团队内的互助与合作也有积极作用。

（2）营造合作共赢的团队氛围。

企业管理者的关心、同事的支持在"90后"员工的生涯挑战中起到了重要作用，对于其职业韧性的提高有积极意义，尤其是对于刚来门店的"90后"员工来说，由于知识与经验的不足，他们尤其需要管理者和同事的支持和帮助。而在现实中，"90后"员工的成长和发展机会是有限的，同事之间也往往存在竞争关系，想要形成合作共赢的团队氛围，必须要建立科学合理的考核方式和激励措施，良性竞争使得"90后"员工的成长与发展更加公平。同时，还要充分发挥管理者的积极作用，通过多种方式，引导团队互帮互助、合作共赢，使"90后"员工在面临职业生涯挑战时有所寄托，帮助其应对职业生涯挑战，提升职业韧性。

（3）注重新生代员工职业情感培养。

职业情感是"90后"员工应对职业生涯挑战的重要动力来源，深厚的职业情感对于"90后"员工的职业韧性的提升起到重要作用。首先，应注重增强"90后"员工的职业获得感。认可"90后"员工在团队中的身份，提升其在团队内部的存在感与荣誉感；为"90后"员工提供学习平台与机会，规范"90后"员工的工作职责与内容，通过各种方式帮助其做好"90后"员工工作并实现自身的成长与发展，增强其工作成就感。其次，应注重增强"90 后"员工的职业归属感。帮助"90 后"员工进行全面而科学的职业认知，包括工作职责与内容、能力要求、成长与发展空间等，引导其确立清晰的发展目标，将个人的发展与"90 后"员工工作的高质量开展紧密结合，增强其职业认同感、信念感与归属感。

5.2 新生代创业者创业韧性的提升优化对策

5.2.1 增强新生代创业者创业动力的对策建议

提升新生代创业者创业动力，需要强化能力，培育内生创业；优化生态，推进协同创业；增强反脆弱机制，促进持久创业。

5.2.1.1 强化能力，培育内生创业

构建"三导师制" + "四课程模块"，提高高等院校大学生的创业核心能力。即通过"学校专业导师、企业技术导师和孵化园的双创导师"的师资牵引和"专业技能—文化素养—综合技能—创新创业"的课程培养，促进"学生—项目—导师"间的无缝对接，形成联动培养创业型人才的有效机制。在当前"广谱式"创新创业课程的基础上，增加提升创业者技术技能、工匠精神、创新创业综合能力的"实效式"特色课程，实现双创教育与素质教育无缝耦合，为创业者提供更加实用的知识技能。此外，还应强化思政类、通识类课程建设，培养学生的家国情怀和创业使命感，塑造自信、诚信、宽厚、坚韧的品格素养。

5.2.1.2 优化生态,推进协同创业

各级政府要加强创业政策宣传解读、执行落实,积极为高等院校大学生创业者提供融资渠道、信息平台、创业跟踪、管理咨询、知识产权、心理建设等方面的支持和帮助。高等院校应进一步发挥校企合作企业的"反哺"功能,建立多元化联合创新中心、协同创新中心、产业促进中心等,构建"众创空间—孵化器—加速器"三位一体的孵化链,为高等院校大学生创业者提供一站式服务。此外,还应积极营造创新创业、务实奉献的文化氛围,引导家庭和社会给予高等院校大学生创业者更多的理解、鼓励和支持,提高其创业自信心和自生力。

5.2.1.3 增强反脆弱机制,促进持久创业

注重创新创业的精神培育和价值引领,从个体、组织和国家层面引导培育企业家精神。培养高等院校大学生创业者的反脆弱意识和抗压韧性,建构创业过程中的反脆弱机制。帮助遇到挫折和失败的创业者或创业团队,运用比较分析和反事实方法,通过还原事件经过、对比事件始末,强化对事件本质的理解,进而厘清事件的因果逻辑,增强其对创业挫折或重大事件的认知、反思和防控能力。

5.2.2 增强新生代创业者创业韧性意识的对策建议

提升新生代创业者创业韧性意识,需要正确面对重大事件,强化反脆弱意识;适度增加比较和反思,适时激活自我动力机制;创建创业包容文化氛围,加大政府和家庭支持。

5.2.2.1 正确面对重大事件,强化反脆弱意识

研究发现,新生代创业者在创业机会开发期和成长期中,一些关键性的

重大事件都会对其创业过程产生影响，事件发生的不同时间点、不同的扩散范围以及不同的强度对于青年创业者的影响程度是不同的。因此，首先，新生代创业者在创业过程中遇到重大事件前，就应该使其认识到这些重大事件会发生在创业活动中，而且发生的概率还是很高的。其次，需要培养新生代创业者的反脆弱意识，不仅创业者自身要具备这种意识，而且也要在创业团队成员中进行培育。在创业过程中，新生代创业者需建立一种反脆弱的文化体系，当创业企业遇到重大事件时，要有一个良好的反应机制（赵曙明，2020）。同时，要让每个创业团队成员定期进行现场演练，强化此种意识。

5.2.2.2 适度增加比较和反思，适时激活自我动力机制

研究发现，新生代创业者在面对创业机会开发期和成长期发生的关键性重大事件时具有不同的思维方式，一部分创业者倾向于重构过去以便能更好地理解现实创业处境，并为未来创业寻找出路，另一部分创业者则倾向于调整创业预期使自己获得满意。因此，新生代创业者创业过程中，在遇到重大事件时鼓励运用比较机制和上行反事实思维模式，适度增加分析，更好地还原事件经过，强化对事件本质的理解，厘清其间的因果逻辑关系，增强对重大事件的认知和控制。整个创业团队需要打破原有的思维定式、修正逻辑链条、及时纠正偏差，并且重新审视原先的假设和认知框架，在经过反思并做出积极调整后，适时地启动自我责任动机和自我实现的创业动力机制。当重大事件对创业活动造成消极影响时，新生代创业者在采取下行反事实思维模式时，虽然可以暂时缓解焦虑、愤怒、沮丧、内疚等负向情绪，以维持自尊和幸福感，但是，这容易使其忽视比较和反思，强化既定的因果逻辑，对自我效能过度自信，不能突破原有的思维模式去收集有助于未来发展的信息，不利于其正确认知结构和心智模式构建，也就不能形成动态的创业韧性能力机制。

5.2.2.3 创建创业包容文化氛围，加大政府和家庭支持

研究发现，在新生代创业者形成动态的适应、应对和超越的创业韧性能力过程中，包容文化、政府支持和家庭支持等情境因素会起到调节作用，具体表现为周遭环境若呈现出更多的包容文化、获得政府支持和家庭支持也会加速构建创业动力机制，进而形成创业韧性。因此，为鼓励和支持新生代创业，我国政府出台了许多优惠政策，涵盖创业教育、商务支持、创业融资、创业壁垒和创业文化等诸多方面（赵曙明，2020）。尤其在创业文化建设方面还有上升空间，需要考虑人文关怀、道德伦理，提供包容、共享、和谐的创业氛围。政府还可以给新生代创业者提供融资渠道、信息平台、创业跟踪、管理咨询、知识产权、心理建设等方面的支持和帮助，缓解其创业实践中的迷茫，少走弯路。相关数据显示，超过六成新生代创业者的创业初始资金和后续资金供来源于家庭和朋友，在传统的中国家庭集体主义文化氛围下，家人对青年创业行为和创业项目的认可是其最可靠的支持，可见，家庭支持不仅体现在经济上，更体现在精神上。因此，家庭支持也可以进一步地激发新生代创业者的责任动机和自我实现动机，从而形成创业韧性动态能力。

5.2.3 增强新生代创业团队创业韧性意识的对策建议

提升新生代创业团队创业韧性意识，需要创建一系列工作事件，重塑大学生创业团队的共同价值观；创业团队领导者适当示弱，建立非正式情感联结；营造良好的工作环境，激活大学生创业团队的凝聚力；积极引导良性情感发展，及时处理不良情绪和心境。

5.2.3.1 创建一系列工作事件，重塑新生代创业团队的共同价值观

新生代创业团队成员虽然年龄和教育背景相仿，但是多数来自不同的地

域,拥有不同的人格、价值观和行为方式,其知识结构、能力大小、特质特长也不尽相同,这些异质性在给创业团队带来良性冲突的同时,也容易造成团队成员间的紧张甚至是破坏性冲突,从而对创业团队凝聚力产生负面影响。价值观是个体稳定的心理结构,影响着其对目的、行为方式的选择(Rokeach,1973)。新生代创业团队成员与团队在价值取向上相似、相近甚至相同的程度越大,则越有利于创业团队凝聚力的形成(Liang et al.,2015)。因此,在创业团队的组建期和震荡期,团队可以通过一系列的工作事件来重塑团队成员的价值观。例如,通过定期向全体成员乃至家属公开创业团队经营成果获得成员的信任;新生代创业团队在认可成员个人利益的同时,也希望其更加关注社会利益,这更有利于从利他性角度持续创业;在新生代创业团队中建立分享机制,坚决杜绝小团体现象,团队与其成员在分享利润成果的同时,团队成员之间也可以自由地、充分地分享信息和交流情感;整个新生代创业团队包括团队领导者和一般团队成员都应该充满自信心,整个团队应该具有持续的发展性和竞争力;同时,新生代创业团队应该具有一定的忧患意识,摒除打工心态,保持创业心态,关注未来市场,努力寻求突破。运用以上措施,新生代创业团队可以通过个体—团队的价值观一致性激活团队凝聚力的形成。

5.2.3.2 创业团队领导者适当示弱,建立非正式情感联结

与其他代际的创业者团队相比,"90 后"新生代创业团队的成员更强调自我的独特性,对于领导、长辈等权威的服从性更弱,因此,适当示弱的温柔型创业团队领导可能更适合此群体的创业活动。新生代创业团队的管理者要努力做到内心强大、格外包容,用润物细无声的能力使团队成员真正发自内心地认可和支持创业活动。当团队的创业活动遇到困难时,团队管理者能透彻地分析问题,积极地安抚成员的情绪,给出针对性的意见,制订出有效的解决方案。管理者在创业团队成员面前可以适当地示弱,动员每一个成员

去奋斗，这种非正式的情感联结有利于创业团队凝聚力的形成。

5.2.3.3 营造良好的工作环境，激活新生代创业团队的凝聚力

勒温（Lewin，1938）的场理论认为，个体与环境构成一种生活空间，个体的行为与其所处环境呈现交互作用，行为是生活空间的函数。新生代创业团队管理者需要给予每个成员足够的尊重，认可他们的特长和能力；对团队中相对较弱的成员投入足够的耐心，向所有成员传递一种值得追随的信念，同时，在创业实践活动中，培养团队成员的担当意识、责任意识，出现问题时风险共担，给予所有成员足够的安全感；新生代创业团队的管理者要懂得适时、适量地授权，团队成员一定会珍惜给自身发展提供机会、帮助自己成长的团队；新生代创业团队领导除了自身具有坚定的信念、有责任、有担当、有执行力之外，还需要以身作则、不徇私情，充分激活每一个团队成员的活力，危机来临时更需要安抚团队、帮助其重建心态。通过上述良好创业工作环境的营造，在某种程度上能很好地激活新生代创业团队的凝聚力。

5.2.3.4 积极引导良性情感发展，及时处理不良情绪和心境

新生代创业团队的成员都是"90后"新生代，他们在开放自信的同时，其内心也具有较强的情绪化特点，尤其在工作场所中表现得更为敏感。因此，新生代创业团队的管理者需要密切关注成员的情绪变化，一方面，通过适当的工作事件和工作环境积极地引导成员的情感向良性方向发展；另一方面，每周通过自评互评等方式让创业团队的伙伴们把一周创业活动中的不良情绪说出来，并寻求方法和对策及时解决问题，疏导不良情绪。而对于新生代创业团队成员形成较久的不良心境，可以通过聊天、团建、咨询心理师等方式彻底找出其产生的原因，切实寻求解决办法，通过可行的措施唤醒其内部动力，逐渐减少或者消除其不良心境。通过以上措施积极地引导新生代创业团队成员的良性情感发展，及时地处理其不良情绪和心境，能较好地从情感反

应层面影响其创业团队的凝聚力。

5.3　本章小结

  首先，本章提出了新生代员工职业韧性的提升优化对策，从自我管理和组织管理两个方面进行阐述。在自我管理策略方面，提出了七点优化措施，分别是：积极学习专业知识，不断提升职业能力；提高突发事件应对能力；明确自身职业发展目标；清晰职业认知，做好发展规划；保持积极心态，提高适应能力；相互扶持，形成良好的工作伙伴关系；相互理解，形成良好的生活伙伴关系。在组织管理策略方面，提出了四点优化措施，分别是：完善新生代员工的培养体系；关注新生代员工的心理健康；积极调整领导方式，以适应新生代员工的工作需求；优化新生代员工的工作氛围与团队文化。其次，从增强新生代创业者创业动力、提升创业者创业韧性意识和创业团队创业韧性意识三个方面对其创业韧性提出优化对策。其中，增强新生代创业者创业动力的措施分别是：强化能力，培育内生创业；优化生态，推进协同创业；增强反脆弱机制，促进持久创业。提升创业者创业韧性意识的措施分别是：正确面对重大事件，强化反脆弱意识；适度增加比较和反思，适时激活自我动力机制；创建创业包容文化氛围，加大政府和家庭支持。提升创业团队创业韧性意识的措施分别是：创建一系列工作事件，重塑新生代创业团队的共同价值观；创业团队领导者适当示弱，建立非正式情感联结；营造良好的工作环境，激活新生代创业团队的凝聚力；积极引导良性情感发展，及时处理不良情绪和心境。

第6章

结论与讨论

本章将基于前面第 3 章和第 4 章的理论建构与质性分析结果，总结主要研究结论，简要梳理新生代员工职业韧性形成机制的质性研究和新生代创业者创业韧性形成机制的质性研究。同时，基于第 5 章提出的新生代职业韧性与创业韧性的提升优化对策，进一步总结出实践措施。最后，在此基础上，进一步讨论本书的理论贡献、研究不足之处，以及提出对未来研究的展望。

6.1 研 究 结 论

中国新生代身处当今飞速发展的信息化社会，在就业和创业的"双业"过程中，必然面对来自工作任务、工作环境、不断更新的技能需求、复杂的人际关系等多方面的压力，其心理承受能力受到了前所未有的挑战。无论是就业还是创业，新生代群体在选择期和实践期都会面对各种变化、逆境和干扰。"双业"韧性（职业韧性和创业韧性）作为一种良好的心理健康保护因素，将帮助个体在面对压力性事件时坚定信念、保持信心、坚韧不拔，直至达到或合理化个人目标。那么，中国新生代在面对就业和创业的困难、压力和挑战时，哪些因素会对他们产生影响？新生代群体如何运用自身的韧性机制应对挑战？哪些政策措施可以培养和提高新生代群体的"双业"韧性？本书结合中国新生代群体的成长背景、个性特征、价值观念、思维模式和行为方式，进一步深入厘清影响其"双业"韧性（职业韧性和创业韧性）的多种因素，并在此基础上制定相应的管理和培养措施，从而有效地提高其心理韧性和职业稳定性。

通过企业调研、深度访谈、案例研究和扎根研究等质性研究方法，本书主要得出以下结论。

第一，本书通过半结构化访谈，结合 XCN 公司金鹰世界店新生代员工的工作实际，进一步探索并验证了新生代员工职业韧性的影响因素，包含专业能力、职业规划、领导方式、发展机会、人际关系、外部激励、内部激励共七个分点，概括为个人特征、领导方式、工作环境、价值驱动四个维度。

第二，本书还对新生代员工职业韧性影响因素中的重要维度领导方式进行深入挖掘，具体来说，主要运用案例研究法探索新生代职业韧性的新内涵，以及包容性领导对新生员工职业韧性的影响机制。本书通过对 XCN 公司案例资料编码和分析的基础上，描绘出包容性领导影响新生代员工职业韧性的内在机制，具体分为以下四个子结论。

（1）XCN 公司的包容性领导模式不仅展现出易接近性、开放性和有效性三个维度，而且还新增了面子感和伙伴性两个维度。通过对 XCN 公司领导实践行为的编码和分析，研究发现从中国本土文化情境出发，在新生代员工和领导"共生"视角下，包容性领导的"给下属留面子"和"平等的伙伴关系"的新内涵更富有时代意义。

（2）XCN 公司新生代员工的职业韧性表现为积极主动、自我挑战、认可需要、自我坚持和自我反省五个维度，其中在自我坚持方面主要表现为具有稳定的职业方向、清楚自身的优劣势以及持续的学习能力；在自我反省方面可以概括为自我掌控力、情绪稳定且独立、面向未来、主动寻求帮助四个理论范畴。

（3）包容性领导有利于促进新生代员工职业韧性的提升，主要体现在"给下属留面子"和"平等的伙伴关系"这两个层次的包容性领导特质对新生代员工职业韧性的影响更加显著。在当今"传统—现代—后现代"的复合时空背景下，良好地维持新生代员工"在别人眼中的面子"以及积极地渴求平等的伙伴关系可以增强其职业韧性。

（4）XCN 公司包容性领导的"面子感"和"伙伴性"两个维度的特质会促进新生代员工通过认知—动机—行为自我验证链条进行解释，从而促进其职业韧性的提升。当新生代员工对未来工作自我的清晰度和详细度高度认同时会对包容性领导的影响效果产生正向调节作用。

第三，本书以我国青年创业的主力军大学生创业者为研究对象，运用扎根理论的研究方法深入挖掘创业韧性的新内涵，以及影响其创业机会开发期和成长期创业韧性的因素。构建出"重大事件激活—动机形成—动态能力形成"的理论模型，包括"重大事件"等 14 个子范畴以及"创业期望的形成"等 7 个主范畴，并运用事件系统理论、自我差异理论、社会转型理论和场理论分析形成此模式的深层次原因。具体分为以下三个子结论。

（1）通过开放式编码得到 14 条原始语句及相应的初始概念，包括"重大事件""自我创业期望""重要他人创业期望""现实创业状况""上行反事实思维""下行反事实思维""责任动机""自我实现动机""内部归因""外部归因""包容文化""政府支持""家庭支持""创业韧性"。

（2）对 14 个初始范畴进行主轴编码后获得 7 个主范畴，包括"重要事件的影响""创业期望的形成""自我感知到的现实创业状况""思维方式""动机的形成""调节方式""动态能力的形成"。

（3）在主轴编码的基础上挖掘出主范畴的故事线，包括"重大事件激活阶段""动机形成阶段""动态能力形成阶段"三个阶段，进一步总结出新生代创业者创业韧性这一核心范畴，并以此为基础构建和发展出"新生代创业者创业韧性的影响因素模型"。具体来说，研究发现新生代创业者在创业机会开发期和成长期内的活动中经历重大事件后，会通过比较机制和思维方式激活动机，启动责任动机和自我实现动机，从而形成动态的创业韧性能力（适应、应对和超越），归因方式（内部归因和外部归因）和情境因素（包容文化、政府支持和家庭支持）会起到调节作用。

第四，本书还对归因方式和情境因素对新生代创业者创业韧性的影响机制进行了探讨，运用深度访谈和扎根理论法继续进行深入挖掘。通过对 6 组创业团队 24 个团队成员的深度访谈，挖掘出"认可共同利益"等 18 个子范畴和"工作事件的影响"等 5 个主范畴，构建工作事件工作环境的激活—认知评价—情感反应—态度形成理论模型，并运用情感事件理论和情绪归因理论分析深层次原因。具体分为以下四个子结论。

（1）通过开放式编码得到 18 条原始语句及相应的初始概念，包括认可共同利益""公开经营成果""团队分享""忧患意识""自信心和竞争力""信任和安全感""责任和授权""沟通和换位思考""尊重和认可""领导方式""评价""积极情绪""消极情绪""积极心境""消极心境""任务凝聚力""人际凝聚力""创业韧性"。

（2）对 18 个初始范畴进行主轴编码后获得 5 个主范畴，包括"工作事件的影响""工作环境的影响""认知评价的形成""情感反应的形成""态度的形成"。

（3）通过对新生代创业者创业过程和状态的编码分析，研究发现，具有创业韧性的新生代创业者不仅具有较高的适应能力和应对能力，还拥有面对接受能力，同时在整个创业的过程中，一直充满热情，不断进行自我调整和反思。因此，本书在康纳和戴维森（Connor & Davidson，2003）的创业韧性个人能力、自信、接受变化、控制和精神感化五个维度的基础上，增加了面对、热情和反思三个新的维度。

（4）基于上述构建的"工作事件工作环境激活—认知评价—情感反应—态度形成"的典型关系结构，进一步总结出大学生创业团队凝聚力对创业者创业韧性的影响这一核心范畴，并以此为基础构建和发展出"大学生创业团队凝聚力对创业者创业韧性的影响因素模型"。具体来说，就是在大学生创业团队的不同时期（创建期、震荡期、规范期、执行期、终止期），会经历一些工作事件（团队认可共同利益、公开经营成果、团队分享、忧患意识、自信心和竞争力），同时会面临某种工作环境（信任和安全感、责任和授权、沟通和换位思考、尊重和认可、领导方式），这些工作事件和工作环境都会激活整个创业成员，会使其产生一些认知评价（初步评价和后续评价），继而发生一系列短期的情绪反应（积极情绪和消极情绪）和较长期的心境反应（积极心境和消极心境），这些情感反应会对其团队凝聚力（任务凝聚力和人际凝聚力）产生影响，进而最终影响创业者的创业韧性。

最后，本书提出了新生代员工职业韧性的提升优化对策，从自我管理和组织管理两个方面进行阐述。

（1）在自我管理策略方面，提出了七点优化措施，分别是：积极学习专业知识，不断提升职业能力；提高突发事件应对能力；明确自身职业发展目标；清晰职业认知，做好发展规划；保持积极心态，提高适应能力；相互扶持，形成良好的工作伙伴关系；相互理解，形成良好的生活伙伴关系。

（2）在组织管理策略方面，提出了四点优化措施，分别是：完善新生代员工的培养体系；关注新生代员工的心理健康；积极调整领导方式，以适应新生代员工的工作需求；优化新生代员工的工作氛围与团队文化。

从增强新生代创业者创业动力、提升创业者创业韧性意识和创业团队创业韧性意识三个方面对其创业韧性提出优化对策。

（1）增强新生代创业者创业动力的措施分别是：强化能力，培育内生创业；优化生态，推进协同创业；增强反脆弱机制，促进持久创业。

（2）提升创业者创业韧性意识的措施分别是：正确面对重大事件，强化反脆弱意识；适度增加比较和反思，适时激活自我动力机制；创建创业包容文化氛围，加大政府和家庭支持。

（3）提升创业团队创业韧性意识的措施分别是：创建一系列工作事件，重塑新生代创业团队的共同价值观；创业团队领导者适当示弱，建立非正式情感联结；营造良好的工作环境，激活新生代创业团队的凝聚力；积极引导良性情感发展，及时处理不良情绪和心境。

6.2　主要理论贡献

第一，本书更多地将职业韧性作为一个独立的概念进行研究。

本书研究认为，个体韧性的形成是人格特征、保护性环境因素和个体应对机制交互作用的结果，因此采用动态的、长期的、复杂的过程性视角进行界定，从而有利于揭示个体从平衡破裂到重新整合的韧性获取过程。通过半结构化访谈，结合 XCN 公司金鹰世界店新生代员工的工作实际，进一步探索并验证了新生代员工职业韧性的影响因素，包含专业能力、职业规划、领导方式、发展机会、人际关系、外部激励、内部激励共七个分点，概括为个人特征、领导方式、工作环境、价值驱动四个维度。

第二，本书通过质性研究进一步厘清了新生代员工职业韧性的形成和影响机制。

运用案例研究方法对 XCN 公司展开了调研和分析，较为全面地揭示了在"共生"视角下包容性领导和新生代员工职业韧性的新内容，并在此基础上进一步探究了包容性领导对新生代员工职业韧性的塑造过程，以及自我验证和未来工作自我在其中的作用机制。

（1）通过编码分析，研究发现，XCN公司新生代员工的职业韧性体现在积极主动、自我挑战、认可需要、自我坚持和自我反省五个维度，在伦敦（1983）提出的自我效能、冒险和依赖性三个维度的基础上，增加了自我坚持和自我反省两个新的维度。本书聚焦于以生存为核心目标、以能力为核心职业匹配要素的新生代员工群体的职业韧性，进一步丰富细化了处于职业尝试期员工群体的职业韧性新内容。

（2）在"传统—现代—后现代"复合时空背景下，领导和员工构成"共生"关系的组织情境下，XCN公司包容性领导新增的面子感和伙伴性两个新维度的特质对新生代员工职业韧性的影响更加显著，这也进一步丰富了包容性领导的概念和结构维度。

（3）以自我验证理论为基础，进一步挖掘出包容性领导如何塑造新生代员工的职业韧性，得出XCN公司包容性领导（"面子感"和"伙伴性"两个新特质）会通过促进新生代员工"认知—动机—行为"自我验证链条来提升其职业韧性，从个体特性、保护性环境因素以及个体应对机制三方机制来研究职业韧性的作用机理，这也为本领域的研究提供了全新的视角。

（4）根据案例分析，研究得出新生代员工对未来工作自我（清晰度和详细度）的认同程度会对包容性领导的影响效果产生一定的调节作用，这也为包容性领导的影响效果拓展了新的情境因素。

第三，本书进一步丰富了创业韧性的本土化情境。

本书对于丰富中国情境下青年创业者的创业韧性研究具有一定的理论意义。首先，以往有关创业韧性的研究都是笼统地将研究群体确定为整体的成功创业者，并主要围绕两个问题展开：一是比较创业者群体和非创业者群体的韧性差异性；二是比较创业者之间的个体韧性差异性。可见，以往研究并没有对创业韧性的研究群体进行细分，而事实上不同的创业群体都具有各自独特的特点，比如青年创业者群体一般都处于创业起步和初步发展阶段，成功与否并不确定，且此群体也具有不同的价值观、经验和感情因素（龚亮华等，2019），以往有关创业韧性的研究结论可能并不适用于青年创业者群体。本书研究发现，在互联网环境中出生成长的我国青年创业者，具有"传统性—现代性—后现代性"的复合价值观，导致其具有不同于其他创业群体的创业韧性特征和影响因素。

本书通过对新生代创业者创业过程和状态的编码分析，研究发现具有创业韧性的新生代创业者不仅具有较高的适应能力和应对能力，还拥有面对接受能力，同时在整个创业的过程中，一直充满热情，不断进行自我调整和反思。因此，本书在康纳和戴维森（Connor & Davidson，2003）的创业韧性个人能力、自信、接受变化、控制和精神感化五个维度的基础上，增加了面对、热情和反思三个新的维度。因此，本书把成为我国创新创业主力军的青年创业者作为研究对象，并拓展了在中国情境下的新生代创业者的创业韧性的内涵研究，这在一定程度上丰富了创业领域的跨文化研究。

其次，现有的大多数创业韧性研究都是基于失败情境下（郝喜玲等，2018）或者创业机会识别期（张浩等，2018）构建创业韧性的研究框架，但实际上创业者在整个创业过程中都会经历各种压力、挑战和不确定性，尤其是在创业机会开发期和成长期（Duchek，2018）。随着时间的推移和创业实践活动的持续开展，创业韧性具有动态的形成过程，因此，本书以创业进程的视角探讨整个创业过程中的创业韧性则更具实践意义。另外，不同于以往的创业韧性研究，本书通过访谈法从青年创业者自身角度和团队成员角度出发，运用扎根理论对访谈资料进行分析，试图挖掘出青年创业者创业韧性的影响因素。这样更有利于从创业者自身视角厘清创业韧性的影响因素，从而增强自身创业信心和创业意愿。

6.3 研究不足与展望

由于新冠疫情的影响，研究过程中实地调研的次数和面对面访谈的人数都比计划有所减少。虽然网络访谈能便捷快速地接触到被访者，但是相对于面对面访谈，在情感交流和沟通方面还是有所缺失。未来将进一步地开展实地调研和访谈工作，以获得更加真实可靠的资料。此外，本书所选取的案例企业是以领导包容性和新生代员工较高职业韧性著称的典型，因此，研究结果的适用范围具有一定的局限性。

基于研究结果，未来可以在以下方面进一步开展工作：（1）本书通过单案例研究，得出包容性领导的不同维度对新生代员工的自我验证机制以及职业韧性的影响程度不同，因此，未来研究可以通过多案例研究对结论进一步检验。（2）根据研究结果，未来研究可以通过大样本数据的定量研究来验证包容性领导与新生代员工职业韧性之间的关系以及影响路径。（3）未来可以进一步探讨其他领导风格对新生代员工职业韧性的影响，比如服务型领导、放手型领导等这些更加符合新生代员工特质的领导风格，从而探索出最有利于提升新生代员工职业韧性的复合型领导模式。

在访谈中不难发现：（1）有些青年创业者会回避一些更深层次的心理活动的交流反馈，未来研究可以进一步运用一些心理学的方法深入挖掘出其深层内心活动（Miles & Huberman，2008）。（2）创业过程包括机会识别期、机会开发期、企业成长期、企业稳定期四个阶段，未来可以开展整个创业过程的追踪研究，通过案例研究等方法更全面地描绘出新生代创业者创业韧性的全貌（Yin，2004）。（3）虽然本书通过扎根理论这一质性研究方法构建出新生代创业者创业韧性的影响因素模型，但是仍然缺乏定量研究方法的支撑，其信度、效度和推广度还有待于大规模样本的实证检验。因此，后续研究可以通过问卷调查的方法对模型中不同变量之间的内在关系进行定量分析，以弥补质性数据分析的不足。

　　未来研究可以进一步在以下方面开展工作：（1）本书研究访谈中有些大学生创业团队成员会回避某些更深层次的心理活动沟通和交流，未来研究可以运用心理学研究方法进一步深入挖掘其深层次动机、思想和情绪。（2）团队凝聚力是一个动态发展的过程，未来可以通过案例研究等方法展开追踪研究，从而更全面地描绘新生代创业团队凝聚力对创业者创业韧性的影响机制。（3）本书通过扎根理论的质性研究方法构建大学生创业团队凝聚力对创业者创业韧性的影响因素模型，但是，其信效度和适用性仍然有待于大规模样本的实证检验，后续研究可以通过定量研究方法对模型中不同变量之间的关系进行分析，从而弥补质性分析的不足。

附　　录

附录1　调研问卷一

亲爱的员工：

您好！

本次调查是了解您在工作及职业发展中遇到的压力、挫折和困难等现实情况。此问卷不记名，我们将对您的作答进行严格保密，且仅做科学研究之用，答案没有"正确"与"错误"的分别，请您按照自身的真实情况安心作答。

非常感谢您的支持！

一、基本信息

1. 性别：①男　　②女

2. 出生年份：_____年

3. 婚姻状态：①已婚　　②未婚

4. 教育程度：①高中及以下　②大专　③本科及以上

5. 工作年限：_____年

二、下面有一些关于工作和职业的描述，请根据您的实际情况，选择最合适的备选答案：1＝非常符合，2＝基本符合，3＝不确定，4＝基本不符合，5＝非常不符合

项　目	非常符合	基本符合	不确定	基本不符合	非常不符合
1. 我经常通过个人接触、阅读或参加专业会议等来把握本领域未来的发展方向	1	2	3	4	5
2. 一旦确认有需要学习的东西，我就积极地找寻学习机会	1	2	3	4	5

项　目	非常符合	基本符合	不确定	基本不符合	非常不符合
3. 我喜欢通过阅读、参加会议或研究小组来学习新知识或技能	1	2	3	4	5
4. 我和不同部门的人建立和维持友谊	1	2	3	4	5
5. 我不是个轻易被挫折和失败打倒的人	1	2	3	4	5
6. 即使在最糟糕的情况下，我也坚信"一切都会好起来的"	1	2	3	4	5
7. 我欢迎工作或组织上的变化	1	2	3	4	5
8. 我探索本领域的发展趋势，并觉察到了一些正在发生的变化	1	2	3	4	5
9. 我愿意冒险（即做结果不确定的事）	1	2	3	4	5
10. 我的职业目标清晰、方向明确	1	2	3	4	5
11. 我设置有难度但能实现的目标	1	2	3	4	5
12. 我心中很清楚我需要具备哪些能力和技能才能被雇用	1	2	3	4	5
13. 我清楚我给单位带来的价值	1	2	3	4	5
14. 我心中清楚我有哪些技能	1	2	3	4	5
15. 在当前和过去的工作中我都积极寻求更好的任务分配	1	2	3	4	5
16. 在我的专业领域内外都有能帮助我事业的人际网络	1	2	3	4	5

问卷已填写完毕，烦请您能再次检查本问卷所有题项，确保没有漏答之处。

再次感谢您的支持、配合与参与！

附录2　调研问卷二

亲爱的员工：

您好！

本次调查是了解在工作及职业发展中哪些因素会影响您的职业韧性。此问卷不记名，我们将对您的作答进行严格保密，且仅做科学研究之用，答案没有"正确"与"错误"的分别，请您按照自身的真实情况安心作答。

非常感谢您的支持！

1. 您的性别为＿＿＿＿＿＿＿＿。

A. 男　　　　　　　　B. 女

2. 您的工作年限介于＿＿＿＿＿＿＿＿。

A. 1～4 年　　　　　B. 5～8 年　　　　　　C. 8 年以上

3. 您的学历是＿＿＿＿＿＿＿＿。

A. 中专及以下　　　　B. 大专　　　　　　　C. 本科及以上

4. 请问以下哪种因素会导致您对这份工作失去兴趣？

A. 对公司的企业文化、企业管理以及企业价值观不认同

B. 人际关系复杂

C. 对工作环境、安全和舒适性不满意

5. 当您遇到挫折时，以下同事的哪种做法可以帮助您摆脱困境？

A. 亲切地关心你并鼓励你战胜困难

B. 询问你的困难，提出自己的想法

C. 冷眼旁观告诉你这是自己的事情

6. 您认为您现在的工作环境如何？

A. 工作气氛融洽，同事和睦相处，薪酬待遇一般

B. 工作节奏紧凑，同事间缺乏交流，但薪酬福利好

C. 工作岗位时不时变动，薪酬福利一般

7. 当您遇到困难时，什么样的领导会给予您最大的支持？

A. 亲切型，上下级经常交流

B. 工作严苛型，除了工作很少会交流

C. 权威型，等级观念重

8. 领导的哪种做法会使您工作自信受挫？

A. 更喜欢会说话但能力不如自己的同伴

B. 工作不能获得领导的认同

C. 遇到事情时，不了解清楚就直接批评

9. 对工作不满时，领导的什么做法会打消您的不满意？

A. 领导及时沟通，了解想法与工作难处并及时解决

B. 领导沟通但滞后解决

C. 领导沟通并表达自己的建议让自己解决

10. 当您长时间对待一件棘手的工作问题时，您会怎么做？

A. 告诉自己不要轻易放弃且会耐心对待工作问题

B. 会先解决自己易上手的工作，最后选择棘手问题

C. 告诉自己有耐心但最后依旧是放弃

11. 遇到职业瓶颈期时，您首先想到的计划是什么？

A. 我能克服瓶颈期并努力在原公司晋升

B. 我没有信心并计划换一个更适合自己的

C. 没考虑过，走一步看一步

问卷已填写完毕，烦请您能再次检查本问卷所有题项，确保没有漏答之处。

再次感谢您的支持、配合与参与！

附录3　访谈提纲一

1. 请您描述一下什么样的工作环境会对你的职业韧性给予帮助？

2. 您在 XCN 公司金鹰世界店有系统地学习专业知识吗？是否对您的职业韧性有提升？

3. 您认为自己能出色地完成本职工作吗？

4. 您平时与领导相处融洽？您认为什么样的领导方式对职业韧性的提

升有帮助？

5. 从事服务行业会面临许多突发性事件，这会对您职业韧性的提升造成困扰吗？您是怎样面对和解决的？

6. 对于 XCN 公司金鹰世界店的考核和激励方式，您满意吗？如果不满意，体现在哪些方面？这些会对职业韧性产生影响吗？

附录4　访谈提纲二

1. 您能分享一下您的成长经历吗？

2. 请谈谈您的创业过程。

3. 在创业活动中，您的父母等家人和朋友对您产生过影响吗？

4. 创业是一种高风险的活动，充满着不确定性，您是怎样克服的？

5. 在克服困难和挑战的过程中，您认为哪些因素会促使您坚持下去而不是放弃？

6. 各因素的重要性如何？您能给这些因素排序吗？

7. 您在创业的过程中产生过放弃的想法吗？后来又为什么坚持下来了呢？

8. 您对坚持和放弃的想法做过反思吗？如果有的话，是什么？

9. 这种反思会对您以后创业坚持/放弃行为产生影响吗？

附录5　访谈提纲三

1. 请您谈谈创业团队组建的过程。

2. 创业团队从创建到现在持续了多长时间？团队成员之间合作的动力是什么呢？

3. 您个人的成长经历、家庭或者朋友对创业团队产生影响了吗？

4. 您对创业团队凝聚力的理解是什么？

5. 在不同的创业阶段，您认为团队凝聚力会发生变化吗？如何发生变化？

6. 在创业团队中，您认为哪些因素会影响团队凝聚力？各因素的重要性如何排序？

　　7. 在您认为创业团队凝聚力低的状况下，您产生过退出的想法吗？其后是选择退出创业团队还是继续留在创业团队了呢？

　　8. 您对退出和留下的想法做出过反思吗？

　　9. 如果有的话，这种反思会对您以后选择创业团队产生影响吗？

参 考 文 献

［1］蔡莉，单标安．中国情境下的创业研究：回顾与展望［J］．管理世界，2013，12：160－169．

［2］蔡莉，汤淑琴，马艳丽，等．创业学习、创业能力与新企业绩效的关系研究［J］．科学学研究，2014，32（8）：1189－1197．

［3］晁罡，钱晨，陈宏辉，等．传统文化践履型企业的多边交换行为研究［J］．中国工业经济，2019，6：173－192．

［4］陈向明．质的研究方法与社会科学研究［M］．北京：教育科学出版社，2000．

［5］陈志成．抗逆力：公务员能力建设的关键［J］．中国行政管理，2005（6）：73－76．

［6］程丽．高考复读生心理弹性及其与学习动机的关系［D］．开封：河南大学，2009．

［7］程族桁，廖真珍，谭海娟．高校大学生创业自我效能感与心理韧性的关系探究［J］．人才资源开发，2017（21）：29－30．

［8］邓丽芳，傅星雅，裴蓓．新生代大学生文化传承与创新的现状及影响因素：基于六所高校的调查研究［J］．北京社会科学，2015，6：31－37．

［9］丁亚忠．西方职业韧性研究的启示及培养途径分析［J］．内蒙古科技与经济，2009，182：47－48．

［10］窦军生，包佳．连续创业：文献评介、整合与新解读［J］．外国经济与

管理，2016，38（4）：90-103.

[11] 高红梅，张燕，许燕，等．后悔的内部发展过程：影响因素、后效及研究展望 [J]．心理学探新，2013，33（2）：110-117.

[12] 高建立，孙明贵．基于心理资本的包容型领导对创新行为的作用路径 [J]．软科学，2015，29（4）：100-103.

[13] 龚亮华，杨杰，梅小安．创业韧性：研究评述与展望 [J]．社会科学家，2019（2）：57-67.

[14] 郭骁．创业机会属性、创业韧性与企业绩效的实证研究 [J]．云南财经大学学报（社会科学版），2016（10）：8-12.

[15] 郝喜玲，涂玉琦，刘依冉．失败情境下创业者韧性对创业学习的影响研究 [J]．管理学报，2018，15（11）：1671-1678，1712.

[16] 郝喜玲，涂玉琦，刘依冉，等．失败情境下创业韧性的研究框架构建 [J]．外国经济与管理，2020，42（1）：30-41.

[17] 胡月琴，甘怡群．青少年心理韧性量表的编制和效度验证 [J]．心理学报，2008（40）：902-912.

[18] 纪巍，毛文娟．"多团队成员身份"对创新型团队凝聚力的影响：以团队认同为中介 [J]．科技进步与对策，2016，33（23）：142-148.

[19] 贾婧萍．中职生心理韧性的现状调查及团体辅导研究 [D]．烟台：鲁东大学，2016.

[20] 李海垒，张文新．心理韧性研究综述 [J]．山东师范大学学报：人文社会科学版，2006，51（3）：149-152.

[21] 李永周，易倩，阳静宁．积极沟通氛围、组织认同对新生代员工关系绩效的影响研究 [J]．中国人力资源开发，2016，23：23-31.

[22] 林凡．试析心理韧性理念在高校心理危机干预中的运用 [J]．学校党建与思想教育，2018（7）：80-81.

[23] 林海芬，钟文瑞，李青钰，等．创业企业凝聚力的形成过程模型：基

于单案例的探索性研究 [J]. 管理案例研究与评论, 2019, 12 (3): 231 - 244.

[24] 林瑞蓉. 生涯自我效能、生涯复原力与职涯满足关系之研究: 以生涯管理行为为中介变项 [D]. 高雄: 高雄应用科技大学, 2009.

[25] 刘东, 刘军. 事件系统理论原理及其在管理科研与实践中的应用分析 [J]. 管理学季刊, 2017 (2): 64 - 80.

[26] 刘军, 章凯, 仲理峰. 工作团队差序氛围的形成与影响: 基于追踪数据的实证分析 [J]. 管理世界, 2009 (8): 92 - 101.

[27] 马苏娟. 心理弹性的研究现状及展望 [J]. 四川精神卫生, 2016 (29): 486 - 488.

[28] 马跃如, 程伟波, 周娟美. 心理所有权和犬儒主义在包容性领导对员工离职倾向影响中的中介作用 [J]. 中南大学学报 (社会科学版), 2014, 20 (3): 6 - 12.

[29] 毛基业, 陈诚. 案例研究的理论构建: 艾森哈特的新洞见 [J]. 管理世界, 2017 (2): 135 - 141.

[30] Miles M B, Huberman A M. 质性资料的分析: 方法与实践 (第二版) [M]. 张芬芬, 译. 重庆: 重庆大学出版社, 2008.

[31] 潘运, 杨桂芳. 国外心理韧性的研究述评 [J]. 贵州师范大学学报, 2013, 20: 7 - 12.

[32] Ronald I. 现代化与后现代化: 43 个国家的文化、经济与政治变迁 [M]. 严挺, 译. 北京: 社会科学文献出版社, 2013.

[33] 唐静, 朱智敏, 赵烨. 韧性: 知识获取模型对大学生连续创业的影响研究 [J]. 高教探索, 2016 (10): 8 - 12, 17.

[34] 王聪颖, 赵曙明, 秦伟平. 基于跨层次被调节中介模型的新生代员工期望差距与离职意向研究 [J]. 管理学报, 2021, 18 (5): 633 - 642.

[35] 王国锋, 李懋, 井润田. 高管团队冲突、凝聚力与决策质量的实证研

究［J］. 南开管理评论，2007，10（5）：89 - 93.

［36］王鉴忠，宋君卿，曹振杰，等. 企业管理人员成长型心智模式对职业
生涯成功影响的研究［J］. 管理学报，2015，12（9）：1319 - 1327，
1336.

［37］王璐，高鹏. 扎根理论及其在管理学研究中的应用问题探讨［J］. 外国
经济与管理，2010，32（12）：10 - 18.

［38］王萌. 经济转型中的青年价值观变迁机制与整合路径研究［J］. 理论
界，2018，10：74 - 80.

［39］王秋萍，王维利，赵梅，宇寰，胡燕，章新琼. 心理弹性纵向研究进展
及其对临床心理康复的启示［J］. 医学与哲学，2016，37（2）：87 -
90.

［40］魏莉莉. 现代性和后现代性的同步发展：基于代际比较的"90 后"生
活价值观特征分析［J］. 当代青年研究，2018，357（6）：17 - 23.

［41］吴一穹，陈颖颖，陶向明，等. 团队凝聚力研究现状探析与未来展望
［J］. 工业工程与管理，2016，21（6）：168 - 175.

［42］席居哲，桑标. 心理弹性（Resilience）研究综述［J］. 健康心理学杂
志，2002，10（4）：314 - 318.

［43］席居哲，左志宏. 不同学习压力承受能力高中生的家庭生态比较［J］.
中国心理卫生杂志，2006（4）：231 - 233.

［44］谢雅萍，梁素蓉，陈睿君. 失败学习、创业行动学习与创业能力：悲
痛恢复取向的调节作用［J］. 管理评论，2017，29（4）：47 - 58.

［45］徐家华. 大学生心理弹性问卷的编制及其初步应用［D］. 福州：福建
师范大学，2010.

［46］徐迎利. 贫困大学生的复原力及其与主观幸福感的关系研究［D］. 重
庆：西南大学，2007.

［47］徐勇，郑鸿. 创业团队信任动态演化机理研究［J］. 中大管理研究，

2015, 10 (4)：114-148.

[48] 许科, 于晓宇, 王明辉, 等. 工作激情对进谏行为的影响：员工活力的中介与组织信任的调节 [J]. 工业工程与管理, 2013, 18 (5)：96-104.

[49] 许诺, 凌文辁. 初探职业韧性的培养 [J]. 企业经济, 2007 (9)：51-53.

[50] 许庆瑞, 吴志岩, 陈力田. 转型经济中企业自主创新能力演化路径及驱动因素分析：海尔集团 1984～2013 年的纵向案例研究 [J]. 管理世界, 2013 (4)：121-134, 188.

[51] 阳毅, 欧阳娜. 国外关于复原力的研究综述 [J]. 中国临床心理学杂志, 2006 (5)：539-541.

[52] 杨俊, 张玉利, 刘依冉. 创业认知研究综述与开展中国情景化研究的建议 [J]. 管理世界, 2015 (9)：158-169.

[53] 杨勇, 马钦海, 曾繁强, 等. 组织公平感与情绪劳动策略关系的实证研究 [J]. 工业工程与管理, 2013, 18 (4)：37-43, 48.

[54] Yin R K. 案例研究：设计与方法 [M]. 周海涛, 李永贤, 张蘅, 译. 重庆：重庆大学出版社, 2004.

[55] 尹奎, 赵景, 李璨, 等. 领导授权行为的形成机制 [J]. 心理科学进展, 2021, 29 (6)：1097-1110.

[56] 尹苗苗, 蔡莉. 创业能力研究现状探析与未来展望 [J]. 外国经济与管理, 2012, 34 (12)：3-19.

[57] 于帆, 宋英华, 霍非舟, 等. 城市公共场所拥挤踩踏事故机理与风险评估研究：基于 EST 层次影响模型 [J]. 科研管理, 2016, 37 (12)：162-169.

[58] 于肖楠, 张建新. 韧性 (resilience) ——在压力下复原和成长的心理机制 [J]. 心理科学进展, 2005 (5)：658-665.

[59] 袁纯清．共生理论：兼论小型经济［M］．北京：经济科学出版社，1998．

[60] 曾军．广东地区企业员工心理弹性结构维度及相关研究［D］．广州：暨南大学，2007．

[61] 张海涛，张鑫蕊，周红磊，等．突发公共卫生事件中用户情绪演变的关键因素及影响机理［J］．情报科学，2020，38（7）：9－14，29．

[62] 张浩，孙新波，张雨，张媛．揭开创业机会识别的"红盖头"：基于反事实思维与机会识别的实证研究［J］．科学学研究，2018，36（2）：296－303．

[63] 张秀娥，李梦莹．创业韧性的驱动因素及其对创业成功的影响因素［J］．外国经济与管理，2020，42（8）：96－108．

[64] 张秀娥，赵敏慧．创业学习、创业能力与创业成功间关系研究回顾与展望［J］．经济管理，2017，39（6）：194－208．

[65] 张印轩，崔琦，何燕珍，等．新生代员工易变性职业生涯态度对创造力的影响：一个被调节的中介模型［J］．科技进步与对策，2020，37（16）：128－134．

[66] 赵曙明．高校如何面对生涯规划教育新要求［N］．光明日报，2020－03－31（13）．

[67] 赵曙明．深化人力资源管理变革与创新［N］．新华日报，2020－03－24（13）．

[68] 赵文红，王玲玲，魏泽龙．过程视角的创业能力形成研究综述［J］．科技进步与对策，2016，33（13）：155－160．

[69] 赵宜萱，白晓明，赵曙明．员工利他主义对团队凝聚力的影响研究［J］．管理学报，2014，11（11）：1631－1638．

[70] Alemu S M, Babu M S. The relationship between coaches' leadership styles, team cohesion and team success: The case of premier league soccer clubs in

Ethiopia [J]. International Journal of Social Science & Interdisciplinary Research, 2012, 1 (11): 1 – 13.

[71] Allinson C W, Chell E, Hayes J. Intuition and entrepreneurial behavior [J]. European Journal of Work and Organizational Psychology, 2000, 9 (1): 31 – 43.

[72] Avolio B J, Bass B M. Individual consideration viewed at multiple levels of analysis: A multi-level framework for examining the diffusion of transformational leadership [J]. The Leadership Quarterly, 1995, 6 (2): 199 – 218.

[73] Awotoye Y, Singh R P. Entrepreneurial resilience, high impact challenges, and firm performance [J]. Journal of Management Policy and Practice, 2017, 18 (2): 28 – 37.

[74] Ayala J C, Manzano G. The resilience of the entrepreneur influence on the success of the business: A longitudinal analysis [J]. Journal of Economic Psychology, 2014, 42 (5): 126 – 135.

[75] Back K W. Influence through social communication [J]. The Journal of Abnormal and Social Psychology, 1951, 46 (1): 9 – 23.

[76] Bandura A. On deconstructing commentaries regarding alternative theories of self-regulation [J]. Journal of Management, 2015, 41 (4): 1025 – 1044.

[77] Baron R A, Franklin R J, Hieleski K M. Why entrepreneurs often experience low, not high, levels of stress: The joint effects of selection and psychological capital [J]. Journal of Management, 2016, 42 (3): 742 – 768.

[78] Baron R A, Markman G D. Beyond social capital: How social skills can enhance entrepreneurs' success [J]. The Academy of Management Executive,

2000, 14 (1): 106 – 116.

[79] Baron R, Frese M, Baum J R. The Psychology of Entrepreneurship [M]. New Jersey: Lawrence Erlbaum Associates Inc, 2007.

[80] Beal D J, Cohen R R, Burke M J. Cohesion and performance in groups: A meta-analytic clarification of construct relations [J]. Journal of Applied Psychology, 2003, 88 (6): 989 – 1004.

[81] Beeler L, Zablah A, Johnston W J. How critical events shape the evolution of sales organizations: A case study of a business-to-business services firm [J]. Journal of Business Research, 2017, 74: 66 – 76.

[82] Bergström J, Dekker S W A. Bridging the macro and the micro by considering the meso: Reflections on the fractal nature of resilience [J]. Ecology and Society, 2014, 19 (4): 22.

[83] Bird B. Towards a theory of entrepreneurial competency [J]. Advances in Entrepreneurship, Firm Emergence and Growth, 1995, 2 (1): 51 – 72.

[84] Bocken N M P. Sustainable venture capital-catalyst for sustainable start-up success? [J]. Journal of Cleaner Production, 2015, 108: 647 – 658.

[85] Borgen W, Amundson N, Reuter J. Using portfolios to enhance career resilience [J]. Journal of Employment Counseling, 2004, 41: 50 – 59.

[86] Boyd M, Kim M S, Ensari N, et al. Perceived motivational team climate in relation to task and social cohesion among male college athletes [J]. Journal of Applied Social Psychology, 2014, 44 (2): 115 – 123.

[87] Brainerd K G. The application of London's interactive model of career motivation to the professional career nurse [D]. Unpublished Doctoral Dissertation, The University of Connecticut, 1992.

[88] Branicki L J, Sullivan-taylor, Livschitz S R. How entrepreneurial resilience generates resilient SMEs [J]. International Journal of Entrepreneurial Be-

havior & Research, 2017, 24 (7): 1244 – 1263.

[89] Buang N A. Entrepreneurs' resilience measurement [M]//Entrepreneur-ship-Born, Made and Educated. In Tech, 2012.

[90] Bullough A, Renko M. Entrepreneurial resilience during challenging times [J]. Business Horizons, 2013, 56 (3): 343 – 350.

[91] Byster D A. Critique of career self-reliance [J]. Career Planning and Adult Development Journal, 1998, 14: 17 – 27.

[92] Callow N, Smith M J, Hardy L, et al. Measurement of transformational leadership and its relationship with team cohesion and performance [J]. Journal of Applied Sport Psychology, 2009, 21 (4): 395 – 412.

[93] Campbell-Sills L, Stein M B. Psychometric analysis and refinement of the connor-Davidson resilience scale (CD-RISC): Validation of a 10 – item measure of resilience [J]. Stress, 2007, 20: 1019 – 1028.

[94] Carless S A, Bernath L. Antecedents of intent to change careers among psychologists [J]. Journal of Career Development, 2007 (33): 183 – 200.

[95] Carmeli A, Reiter-Palmon R, Ziv E. Inclusive leadership and employee involvement in creative tasks in the workplace: The mediating role of psychological safety [J]. Creativity Research Journal, 2010, 22 (3): 250 – 260.

[96] Carron A V, Brawley L R. Cohesion conceptual and measurement issues [J]. Small Group Research, 2000, 31 (1): 89 – 106.

[97] Caverley N M. Mapping out occupational resiliency and coping in a public service work setting [D]. Unpublished doctoral dissertation, University of Victoria, Canada, 2005.

[98] Chen C C, Greene P G, Crick A. Does entrepreneurial self-efficacy distinguish entrepreneurs from managers? [J]. Journal of Business Venturing,

1998, 13: 295 – 316.

[99] Chen Yueh-Chin. Why some failed entrepreneurs can bounce back but others cannot? Constructing entrepreneurial resilience after business failure [D]. Chaoyang University of Technology, 2005.

[100] Choi J N, Sung S S Y, Lee K, et al. Balancing cognition and emotion: Innovation implementation as a function of cognitive appraisal and emotional reactions toward innovation [J]. Journal of Organizational Behavior, 2011, 32 (1): 107 – 124.

[101] Choi S B, Tran T B H, Park B I. Inclusive leadership and work engage-ment: Mediating roles of affective organizational commitment and creativity [J]. Social Behavior and Personality, 2015, 43 (6): 931 – 944.

[102] Cho S, Mor Barak M E. Understanding of diversity and inclusion in a per-ceived homogeneous culture: A study of organizational commitment and job performance among Korean employees [J]. Administration in Social Work, 2008, 32 (4): 100 – 126.

[103] Clough P J, Earle K, Sewell D. Mental toughness: The concept and its measurement [J]. Solutions in Sport Psychology, 2002, 3 (2): 32 – 43.

[104] Collard B, Epperheimer J W, Saign D. Career resilience in a changing workplace [M]. Columbus, OH: ERIC Clearinghouse on Adult, Career, and Vocational Education, 1996.

[105] Conner D R. Managing at the speed of change: How resilient managers succeed and prosper where others fail [M]. New York: Villard Books, 1993.

[106] Connor K M, Davidson J R. Development of a new resilience scale: The Connor-Davidson resilience scale (CD-RISC) [J]. Depression and Anxie-ty, 2003, 18 (2): 76 – 82.

[107] Corner P D, Singh S, Pavlovich K. Entrepreneurial resilience and venture failure [J]. International Small Business Journal: Researching Entrepreneurship, 2017, 35 (6): 687 – 708.

[108] Corron A V. Cohesiveness in sport groups: Interpretations and considerations [J]. Journal of Sport Psychology, 1982, 4 (2): 123 – 138.

[109] Creswell J. Qualitative inquiry and research design: Choosing among five traditions [M]. Thousand Oaks, CA: Sage, 1998.

[110] De Bruin G, Lew C. Construct validity of the career resilience questionnaire [J]. South African Journal of Industrial Psychology, 2002 (28): 67 – 69.

[111] Deluca C, Hutchinson N L, Delugt J S, et al. Learning in the workplace: Fostering resilience in disengaged youth [J]. Work, 2010, 36: 305 – 319.

[112] De Vries H, Shields M. Towards a theory of entrepreneurial resilience: A case study analysis of New Zealand SME owner operators [J]. New Zealand Journal of Applied Business Research, 2006, 5 (1): 33 – 43.

[113] Doern R. Entrepreneurship and crisis management: The experiences of small businesses during the London 2011 riots [J]. International Small Business Journal: Researching Entrepreneurship, 2016, 34 (3): 276 – 302.

[114] Duchek S. Entrepreneurial resilience: A biographical analysis of successful entrepreneurs [J]. International Entrepreneurship and Management Journal, 2018, 14 (2): 429 – 455.

[115] Fatoki O. The impact of entrepreneurial resilience on the success of small and medium enterprises in South Africa [J]. Sustainability, 2018, 10 (7): 2527.

［116］ Festinger L. Informal social communication ［J］. Psychological Review, 1950, 57 (5): 271 – 282.

［117］ Fisher R, Maritz A, Lobo A. Does individual resilience influence entrepreneurial success? ［J］. Academy of Entrepreneurship Journal, 2016, 22 (2): 39 – 53.

［118］ Fisher R, Maritz A, Lobo A. Resilience in entrepreneurs ［J］. Academy of Management Annual Meeting Proceedings, 2014 (1): 11260.

［119］ Fisher T A, Stafford M E. The impact of career and ethnic influences on career resilience ［J］. Academic Achievement, 2000.

［120］ Freeman D G H, Carson M. Developing workplace resilience: The role of the peer referral agent diffuser ［J］. Journal of Workplace Behavioral Health, 2006, 22 (1): 113 – 121.

［121］ Friborg O, Hjemdal O, Rosenvinge J, et al. A new rating scale for adult resilience: What are the central protective resources behind healthy adjustment? ［J］. International Journal of Methods in Psychiatric Research, 2003, 12 (2): 65 – 76.

［122］ Fugate M, Kinicki A J. A dispositional approach to employability: Development of a measure and test of implications for employee reactions to organizational change ［J］. Journal of Occupational & Organizational Psychology, 2008 (81): 503 – 527.

［123］ Fu H. The relationships among career barriers, career motivation, and coping strategies of young female employees ［D］. Taiwan: National Chengchi University, 2001.

［124］ Fu Jen-Ruei. Is information technology career unique? Exploring differences in career commitment and its determinants among IT and non-IT employees ［J］. International Journal of Electronic Business Management, 2010 (8):

272 – 281.

[125] Garmezy N, Masten A S, Tellegen A. The study of stress and competence in children: A building block for developmental psychopathology [J]. Child development, 1984, 55 (1): 97 – 111.

[126] Garmezy N. Stress-resistant children: The search for protective factors [J]. Book Supplement to the Journal of Child Psychology & Psychiatry, 1985, 4: 213 – 233.

[127] Glaser B G. Basics of grounded theory analysis [M]. Mill Valley, CA: Sociology Press, 1992.

[128] Glaser B G, Strauss A. The discovery of grounded theory: Strategies for qualitative research [M]. Chicago: Aldine Publishing Company, 1967.

[129] Glenn E, Brad L, Susan J. The resiliency model [J]. Health Education, 1990, 21 (6): 33 – 39.

[130] Gowan M A, Craft S L S, Zimmermann R A. Response to work transitions by United States army personnel: Effects of self-esteem, self-efficacy, and career resilience [J]. psychological Reports, 2000, 86: 911 – 921.

[131] Granados A C, Kruse F. Implementing changes in the head teacher role: Adaptation of strategic leadership style in inclusive school settings [J]. International Journal of Leadership in Public Services, 2011, 7 (4): 287 – 303.

[132] Greller M M. Hours invested in professional development during late career as a function of career motivation and satisfaction [J]. Career Development International, 2006 (11): 544 – 559.

[133] Gross N, Martin W E. On group cohesiveness [J]. American Journal of Sociology, 1952, 57 (6): 546 – 564.

[134] Grzeda M, Prince J B. Career motivation measures: A test of convergent

and discriminant validity [J]. The International Journal of Human Resource Management, 1997, 8: 172 – 196.

[135] Gunderson L H, Holling C S. Panarchy: Understanding transformations in human and natural systems [M]. Washington: Island Press, 2002.

[136] Hackman J R, Oldham G R. Motivation through the design of work: Test of a theory [J]. Organizational Behavior & Human Performance, 1976, 16 (2): 250 – 279.

[137] Halgin D. Effects of social identity, network connectivity, and prior performance on career progression and resilience: A study of NCAA basketball coaches [D]. Unpublished doctoral dissertation, Carroll School of Management, Boston College, 2009.

[138] Hall M J. The pilot test of the London career motivation inventory [D]. Virginia George Mason University, 1990.

[139] Hayward M L A, Forster W R, Sarasvathy S D, et al. Beyond hubris: How highly confident entrepreneurs rebound to venture again [J]. Journal of Business Venturing, 2010, 25 (6): 569 – 578.

[140] Hedner T, Abouzeedan A, Klofsten M. Entrepreneurial resilience [J]. Annals of Innovation & Entrepreneurship, 2011, 2 (1): 7986.

[141] Higgins E T. Self-discrepancy: A theory relating self and affect [J]. Psychological Review, 1987, 94: 19 – 340.

[142] Hively J D. Resilience among school psychologists: Applying positive psychology to burnout prevention [D]. Unpublished doctoral dissertation, California State University, Fresno, 2003.

[143] Hmieleski K M, Carr J C, Baron A. Integrating discovery and creation perspectives of entrepreneurial action: The relative roles of founding CEO human capital, social capital, and psychological capital in contexts of risk

versus uncertainty [J]. Strategic Entrepreneurship Journal, 2015, 9 (4): 289 – 312.

[144] Hodges H F, Keeley A C, Troyan P J. Professional resilience in baccalaureate – prepared acute care nurses: First steps [J]. Nursing Education Perspective, 2008 (29): 80 – 89.

[145] Hollander E. Inclusive leadership: The essential leader-follower relationship [M]. New York: Routledge, 2009.

[146] Holling C S. Resilience and stability of ecological systems [J]. Annual Review of Ecology & Systematics, 1973 (4): 1 – 23.

[147] Humphrey R H. The benefits of emotional intelligence and empathy to entrepreneurship [J]. Entrepreneurship Research Journal, 2013, 3 (3): 287 – 294.

[148] Hunter A J, Chandler G E. Adolescent resilience [J]. Journal of Nursing Scholarship, 1999, 31 (3): 243 – 247.

[149] Jeffrey M P, Jeni L B, Crystal L H. Self-efficacy in the face of threats to entrepreneurial success: Mind-sets matter [J]. Basic & Applied Social Psychology, 2012, 34 (3): 287 – 294.

[150] Jenniffer M I L, Rayini D. Resilience and economic empowerment: A qualitative investigation of entrepreneurial Indonesian women [J]. Journal of Enterprising Culture, 2013, 21 (1): 107 – 121.

[151] Jung D I, Ehrlich S B, De Noble A F, et al. Entrepreneurial self-efficacy and its relationship to entrepreneurial action: A comparative study between the US and Korea [J]. Management International, 2001, 6 (1): 41 – 54.

[152] Kahneman D, Tversky A. The psychology of preferences [J]. Scientific American, 1982, 246 (1): 160 – 173.

［153］ Kassin S M, Fein S, Markus H R. Social psychology ［M］. Belmont, CA: Wadsworth, Cengage Learning, 2011.

［154］ Kathleen T, Janyce D. Resilience: A historical review of the construct ［M］. Holistic Nursing Practice, 2004.

［155］ Khelil N. The many faces of entrepreneurial failure: Insights from an empirical taxonomy ［J］. Journal of Business Venturing, 2016, 31 (1): 72 – 94.

［156］ Kidd J M, Smewing C. The role of the supervisor in career and organizational commitment ［J］. European Journal of Work and Organizational Psychology, 2001, 10 (1): 25 – 40.

［157］ Klundert T V D. Economic resilience: A two-country analysis ［J］. De Economist, 1986, 134 (1): 25 – 41.

［158］ Kobasa S C. Stressful life events, personality, and health: An inquiry into hardiness ［J］. Journal of Personality and Social Psychology, 1979, 37 (1): 1 – 11.

［159］ Korber S, Mcnaughton R B. Resilience and entrepreneurship: A systematic literature review ［J］. International Journal of Entrepreneurial Behaviour & Research, 2017, 4: 1355 – 1372.

［160］ Kozlowski S W J, Ilgen D R. Enhancing the effectiveness of work groups and teams ［J］. Psychological Science in the Public Interest, 2006, 7 (3): 77 – 124.

［161］ Kumpfer K L. Factors and processes contributing to resilience ［M］. Resilience and Development. Springer, Boston, MA. 2002: 179 – 224.

［162］ Lazarus R S. From psychological stress to the emotions: A history of changing outlooks ［J］. Annual Review of Psychology, 1993, 44 (1): 1 – 22.

［163］ Lee H H, Cranford J A. Does resilience moderate the associations between parental problem drinking and adolescents' internalizing and externalizing behaviors? A study of Korean adolescents [J]. Drug & Alcohol Dependence, 2008, 96 (3): 213.

[164] Lee J, Wang J. Developing entrepreneurial resilience: Implications for human resource development [J]. European Journal of Training and Development, 2017, 41 (6): 519 – 539.

[165] Lee S H, Yu K, Lee S M. A typology of career barriers [J]. Asia Pacific Education Review, 2008, 9: 157 – 167.

[166] Lee T W, Mitchell T R. An alternative approach: The unfolding model of voluntary employee turnover [J]. Academy of Management Review, 1994, 19 (1): 51 – 89.

[167] Leung A S M, Clegg S R. The career motivation of female executives in the Hong Kong public sector [J]. Women in Management Review, 2001, 16 (1): 12 – 20.

[168] Lewin K. Dynamic theory of personality [M]. New York: McGraw-Hill Publications in Psychology, 1935.

[169] Lewin K. The conceptual representation and the measurement of psychologicalforces [M]. Durbam, NC: Duke University Press, 1938.

[170] Leynes S V. Resilience factors of advertising sales representatives [D]. Unpublished doctoral dissertation, Capella University, 2005.

[171] Liang H Y, Shih H A, Chiang Y H. Team diversity and team helping behavior: The mediating roles of team cooperation and team cohesion [J]. European Management Journal, 2015, 33 (1): 48 – 59.

[172] Liu Yu-Ching. Relationships between career resilience and career beliefs of employees in Taiwan [D]. Unpublished doctoral dissertation, Texas A & M University, 2003.

[173] London M, Noe R A. London's career motivation theory: An update on measurement and research [J]. Journal of Career Assessment, 1997, 5: 61 – 80.

[174] London M. Toward a theory of career motivation [J]. Academy of Management Review, 1983, 3 (4): 620 – 630.

[175] Lopes T. Differences in dimensions of career motivation between international and domestic graduate students by age and gender [D]. Unpublished doctoral dissertation, The Pennsylvania State University, 2006.

[176] Lott A J, Lott B E. Group cohesiveness as interpersonal attraction: A review of relationships with antecedent and consequent variables [J]. Psychological Bulletin, 1965, 64 (4): 259 – 309.

[177] Lugo M V, Shelton L M. The interface of ethnicity and gender in the resilience of minority and women entrepreneurs [J]. Academy of Management Proceedings, 2017, 1: 17721.

[178] Luthar S S, Cicchetti D, Becker B. The construct of resilience: A critical evaluation and guidelines for future work [J]. Child Development, 2000, 71, 543 – 562.

[179] Lyons J A. Strategies for assessing the potential for positive adjustment following trauma [J]. Journal of Traumatic Stress, 1991, 4 (1): 93 – 111.

[180] Mandleco B L. An organizational framework for conceptualizing resilience in Children [J]. Journal of Child and Adolescent Psychiatric Nursing, 2000, 13 (3): 99 – 112.

[181] Markman G D, Baron R A, Balkin D B. Are perseverance and self-efficacy costless? Assessing entrepreneurs' regretful thinking [J]. Journal of Organizational Behavior, 2005, 26 (1): 1 – 19.

[182] Martin E, Good J. Strategy, team cohesion and team member satisfaction: The effects of gender and group composition [J]. Computers in Human Behavior, 2015, 53: 536 – 543.

[183] Masten A S, Best K M, Garmezy N. Resilience and development: Contributions from the study of children who overcome adversity [J]. Development & Psychopathology, 1990, 2 (4): 425 – 444.

[184] Masten A S, Obradovic J. Competence and resilience in development [J]. Annals of the New York Academy of Sciences, 1994 (1): 13 – 27.

[185] Masten A S. Ordinary magic: Resilience processes in development [J]. American Psychologist, 2001, 56 (3): 227 – 238.

[186] Mauno S, Feldt T, Tolvanen A, et al. Prospective relationships between career disruptions and subjective well-being: Evidence from a three-wave follow-up study among Finnish managers [J]. International Archives of Occupational and Environmental Health, 2011, 5: 501 – 512.

[187] Mcaslan A. Organizational resilience: Understanding the concept and its application [P]. Torrens Resilience Institute Working Paper, 2010.

[188] Mikalachki A. Group cohesion reconsidered: A study of blue collar work Groups [D]. London: University of Western Ontario, 1969.

[189] Miller F A. Strategic culture change: The door to achieving high performance and inclusion [J]. Public Personnel Management, 1998, 27 (2): 151 – 160.

[190] Monllor J, Murphy P J. Natural disasters, entrepreneurship, and creation after destruction [J]. International Journal of Entrepreneurial Behaviour & Research, 2017, 23 (4): 618 – 637.

[191] Moorhouse A, Caltabiano M L. Resilience and unemployment: Exploring risk and protective influences for the outcome variables of depression and as-

sertive job searching [J]. Journal of Employment Counseling, 2007 (44): 115 – 125.

[192] Mor Barak M E, Cherin D A. A tool to expand organizational understanding of workplace diversity: Exploring a measure of inclusion-exclusion [J]. Administration in Social Work, 1998, 22 (1): 47 – 64.

[193] Morgeson F P, DeRue D S. Event criticality, urgency, and duration: Understanding how events disrupt teams and influence team leader intervention [J]. The Leadership Quarterly, 2006, 17 (3): 271 – 287.

[194] Morgeson F P, Mitchell T R, Liu D. Event system theory: An event-oriented approach to the organizational sciences. Academy of Management Review, 2015, 40 (4): 515 – 537.

[195] Moskowitz G B. Preconscious effects of temporary goals on attention [J]. Journal of Experimental Social Psychology, 2002, 38: 397 – 404.

[196] Murphy L B. Coping, vulnerability, and resilience in childhood [M]. New York: Basic Books, 1974.

[197] Nembhard I M, Edmondson A C. Making it safe: The effects of leader inclusiveness and professional status on psychological safety and improvement efforts in health care teams [J]. Journal of Organizational Behavior, 2006, 27 (7): 941 – 966.

[198] Nishii L H, Mayer D M. Do inclusive leaders help to reduce turnover in diverse groups? The moderating role of leader-member exchange in the diversity to turnover relationship [J]. Journal of Applied Psychology, 2009, 94 (6): 1412 – 1426.

[199] Noe R A, Noe A W, Bachhuber J A. An investigation of the correlations of career motivation [J]. Journal of Vocational Behavior, 1990, 37: 340 – 356.

[200] Noordin F, Williams T, Zimmer C. Career commitment in collectivist and individualist cultures: A comparative study [J]. Journal of Human Resource Management, 2002, 13: 35 –54.

[201] Oshio A, Kaneko H, Nagamine S, et al. Construct validity of the adolescent resilience scale [J]. Psychological Reports, 2003, 93 (3): 1217 – 1222.

[202] Parent J D, Levitt K. Manager vs. employee perceptions of adaptability and work performance [J]. Business Renaissance Quarterly, 2009 (4): 23 – 48.

[203] Pollack J M, Burnette J L, Hoyt C L. Self-efficacy in the face of threats to entrepreneurial success: Mind-sets matter [J]. Basic & Applied Social Psychology, 2012, 34 (3): 287 –294.

[204] Pulley M L. Beyond the corporate box: Exploring career resilience [D]. Peabody College for Teachers of Vanderbilt University, 1995.

[205] Rasmussen E, Mosey S, Wright M. The evolution of entrepreneurial competencies: A longitudinal study of university spin-off venture emergence [J]. Journal of Management Studies, 2011, 48 (6): 1314 –1345.

[206] Reivich K, Shatté A. The resilience factor [M]. New York: Broadway Books, 2002.

[207] Reynolds P, Bosma N, Autio E, et al. Global entrepreneurship monitor: Data collection design and implementation 1998 – 2003 [J]. Small Business Economics, 2005, 24 (3): 205 –231.

[208] Richardson G E. The Metatheory of Resilience and Resiliency [J]. Journal of Clinical Psychology, 2002, 58 (3): 307 –321.

[209] Rickwood R R, Roberts J. Batten S, et al. Empowering high-risk clients to attain a better quality of life: A career resiliency framework [J]. Jour-

nal of Employment Counselling, 2004, 41: 98 – 104.

[210] Roberson Q M. Disentangling the meanings of diversity and inclusion in organizations [J]. CAHRS Working Paper Series, 2004.

[211] Rokeach M. The Nature of Human Values [M]. New York: Free Press, 1973: 84 – 90.

[212] Rutter M. Resilience in the faceof adversity: Protective factors and resistance to psychiatric disorder [J]. British Journal of Psychiatry, 1985, 147 (6): 598 – 611.

[213] Ryan J. Inclusive leadership and social justice forschools [J]. Leadership and Policy in Schools, 2006, 5 (1): 3 – 17.

[214] Sabiu I T, Abdullah A A, Amin A. Impact of motivation and personality characteristics on bumiputeras' entrepreneurial persistence in Malaysia [J]. Journal of Developmental Entrepreneurship, 2017, (5): 1750009.

[215] Sadler-Smith E, Badger B. Cognitive style, learning and innovation [J]. Technology Analysis and Strategic Management, 1998, 10: 247 – 265.

[216] Sauter D A, Eisner F, Ekman P, et al. Cross-cultural recognition of basic emotions through nonverbal emotional vocalizations [J]. Proceedings of the National Academy of Sciences of the United States of America, 2010, 107: 2408 – 2412.

[217] Scherer I B, Schaefer R, Minello I F. Resilience in the face of business failure: A Brazilian study on entrepreneurial behavior [J]. Business and Management Review, 2015, 4 (7): 354 – 365.

[218] Severt J B, Estrada A X. On the function and structure of group cohesion [M]//Team cohesion: Advances in psychological theory, methods and practices. Emerald Group Publishing Limited, 2015: 3 – 24.

[219] Shaker A Z, Harry J S, Davidsson P. Entrepreneurship and dynamic capa-

bilities: A review, model and research agenda [J]. Journal of Management Studies, 2006, 43 (4): 917 –955.

[220] Sharma P N, Kirkman B L. Leveraging leaders: A literature review and future lines of inquiry for empowering leadership research [J]. Group & Organization Management, 2015, 40 (2): 193 –237.

[221] Siebold G L. The evolution of the measurement of cohesion [J]. Military Psychology, 1999, 11 (1): 5 –26.

[222] Simmons S A, Wiklund J, Levie J, et al. Gender gaps and reentry into entrepreneurial ecosystems after business failure [J]. Small Business Economics, 2019, 53 (2): 517 –531.

[223] Simmons S A, Wiklund J, Levie J. Gender gaps and reentry into entrepreneurial ecosystems after business failure [J]. Small Business Economics, 2018 (6): 1 –15.

[224] Sinclair V G, Wallston K A. The development and psychometric evaluation of the brief resilient coping scale [J]. Assessment, 2004, 11 (1): 94 – 101.

[225] Staw, B M, Cummings, L L. Research in organizational behavior [C]. Greenwich, CT: JAI Press, 1996, 19: 1 –74.

[226] Strauss A, Corbin J. Basics of qualitative research: Grounded theory procedures and techniques [M]. Thousand Oaks, CA: Sage, 1998: 136 – 140.

[227] Strauss K, Griffin M A, Parker S K. Future work selves: How salient hoped-for identities motivate proactive career behaviors [J]. Journal of Applied Psychology, 2012, 97: 580 –598.

[228] Sun J, Buys N, Wang X, et al. Using the concept of resilience to explain entrepreneurial success in China [J]. International Journal of Management

& Enterprise Development, 2011, 11 (2 - 4): 182 - 202.

[229] Swann W B, Kwan V Y A, Polzer J T, et al. Fostering group identification and creativity in diverse groups: The role of individuation and self-verification [J]. Personality and Social Psychology Bulletin, 2003, 29: 1396 - 1406.

[230] Swann W B, Rentfrow P J, Guinn J. Self-verification: The search for coherence [M] //Leary M, Tagney J. Handbook of self and identity. Guilford, New York, 2002.

[231] Swann, W B. Self-verification: Bringing social reality into harmony with the self [M] //Suls J, Greenwald A G. Social psychological perspectives on the self. Hillsdale, NJ: Erlbaum, 1983.

[232] Swann W B, Stein-Seroussi A, Giesler B. Why people self-verify [J]. Journal of Personality and Social Psychology, 1992, 62: 306 - 392.

[233] Szymanski E M. Disability, job stress, the changing nature of careers, and the career resilience portfolio [J]. Rehabilitation Counseling Bulletin, 1999, 42: 279 - 289.

[234] Tait M. Resilience as a contributor to novice teacher success, commitment, and retention [J]. Teacher Education Quarterly, 2008, 35 (4): 57 - 75.

[235] Tyler T R, Blader S L. The group engagement model: Procedural justice, social identity, and cooperative behavior [J]. Personality and Social Psychology Review, 2003, 7 (4): 349 - 361.

[236] Van Vianen A E M, De Dreu C K W. Personality in teams: Its relationship to social cohesion, task cohesion, and team performance [J]. European Journal of Work and Organizational Psychology, 2001, 10 (2): 97 - 120.

[237] Wagnild G M, Young H. Development and psychometric [J]. Journal of

Nursing Measurement, 1993, 1 (2): 165 – 178.

[238] Waller M A. Resilience in ecosystemic context: Evolution of the concept [J]. American Journal of Orthopsychiatry, 2001, 71 (3): 290 – 297.

[239] Weiner B. An attributional theory of motivation and emotion [M]. Berlin: Springer, 1986.

[240] Weiss H M, Cropanzano R. Affective events theory: A theoretical discussion of the structure, causes and consequences of affective experiences at work [M] //Staw B M, Cummings L L. Research in organizational behavior. Greenwich, CT: JAI Press, 2006.

[241] Welsh M. Resilience and responsibility: Governing uncertainty in a complex world [J]. The Geographical Journal, 2014, 180 (1): 15 – 26.

[242] Wendt H, Euwema M C, Van Emmerik I J H. Leadership and team cohesiveness across cultures [J]. The Leadership Quarterly, 2009, 20 (3): 358 – 370.

[243] Werner E E. Resilience in development [J]. American Psychology Society, 1995, 43 (1): 25 – 32.

[244] Williams T A, Shepherd D A. Victim entrepreneurs doing well by doing good: Venture creation and well-being in the after-math of a resource shock [J]. Journal of Business Venturing, 2016, 31 (4): 365 – 387.

[245] Woodd M. The move towards a different career pattern: Are women better prepared than men for a modern career [J]. Career Development International, 2000, 5 (2): 95 – 105.

[246] Yamakawa Y, Peng M W, Deeds D L. Rising from the ashes: Cognitive determinants of venture growth after entrepreneurial failure [J]. Entrepreneurship Theory and Practice, 2015, 39 (2): 209 – 236.

[247] Yang Y, Danes S M. Resiliency and resilience process of entrepreneurs in

New Venture Creation [J]. Entrepreneurship Research Journal, 2015, 5 (1): 1 – 30.

[248] Yin L W. Inclusive leadership and employee voice: Mediating role psychological safety and leader-member exchange [D]. Hong Kong Baptist University, 2013.

[249] Youssef C M, Luthans F. Positive organizational behavior in the workplace: The impact of hope, optimism, and resilience [J]. Journal of Management, 2008, 33: 774 – 800.

[250] Yu X, Zhang J. Factor analysis and psychometric evaluation of the connor-davidson resilience scale (CD-RISC) with Chinese people [J]. Social Behavior & Personality: An International Journal, 2007, 35 (1): 19 – 30.